Inhaltsverzeichnis

Das kann ich!

① Größer, kleiner oder gleich?
Erweitern und Kürzen ..... 5 ○
Brüche und gemischte Zahlen vergleichen ..... 9 ○

② Addition und Subtraktion von Brüchen
Addition ..... 13 ○
Subtraktion ..... 19 ○

③ Multiplikation
Bruch mal Bruch ..... 24 ○
Bruch mal natürliche und gemischte Zahl ..... 29 ○

④ Division
Brüche durch Brüche dividieren ..... 35 ○
Division von Brüchen,
natürlichen und gemischten Zahlen ..... 40 ○

⑤ Rechenregeln beachten! ..... 45 ○

⑥ Brüche und Dezimalzahlen
Umwandlungen ..... 49 ○
Runden und Vergleichen ..... 59 ○

⑦ Addition und Subtraktion von Dezimalzahlen
Addition ..... 65 ○
Subtraktion ..... 72 ○

⑧ Multiplikation von Dezimalzahlen
Dezimalzahl mal Dezimalzahl ..... 78 ○
Dezimalzahlen – Multiplikation mit 10, 100, … ..... 83 ○

⑨ Division von Dezimalzahlen
Dezimalzahl durch Dezimalzahl
und natürliche Zahl ..... 88 ○
Dezimalzahlen – Division durch 10, 100, … ..... 93 ○

Lösungen 98

Vorwort

Liebe Schülerin, lieber Schüler,

du möchtest weniger Fehler machen und deine Noten verbessern? Dann ist **Weniger Fehler in der Klassenarbeit** genau das Richtige für dich! **Weniger Fehler in der Klassenarbeit** hilft dir, typische Fehler zu vermeiden und so deine Leistungen zu steigern.

Zu jedem wichtigen Thema gibt es ein Kapitel. Jedes Kapitel beginnt mit einem Auszug aus einer Klassenarbeit. Hier siehst du, welche Fehler häufig gemacht werden. Sind in deiner Klassenarbeit ähnliche Fehler angestrichen? Dann solltest du dieses Kapitel auf jeden Fall bearbeiten!

Die Kapitel bestehen aus folgenden Bausteinen:

Regeln	Hier wird leicht verständlich erklärt, welche Regeln du beachten musst, um typische Fehler zu vermeiden.
Übungen	Mithilfe der Übungen kannst du die Regeln aktiv trainieren.
Tipps	Eingestreute Tipps geben dir zusätzliche Hilfestellungen.
Fehler-Check	Am Ende des Kapitels kannst du den Test machen: Alles fehlerfrei?

Die **Lösungen** zu den Übungen und zum Fehler-Check findest du am Ende des Buches.

Und nun kannst du dem Fehlerteufel den Kampf ansagen!

Viel Erfolg wünscht dir
Reinhold Kreutzkamp

Größer, kleiner oder gleich?

Erweitern und Kürzen

1. Erweitere.
   a) $\frac{1}{5}$ mit 3: $\frac{1}{5} = \frac{3}{5}$ b) $\frac{9}{11}$ mit 11: $\frac{9}{11} = \frac{99}{111}$

2. Kürze so weit wie möglich.
   a) $\frac{8}{16} = \frac{1}{8}$ b) $\frac{6}{12} = \frac{3}{6} = \frac{1}{3}$ c) $\frac{18}{30} = \frac{9}{15}$

   vollständig kürzen!

Regeln

1. Der **Nenner** eines Bruches gibt an, in wie viele gleich große Teile ein Ganzes geteilt wird.
   Der **Zähler** gibt an, wie viele solcher Teile dann ausgewählt werden.

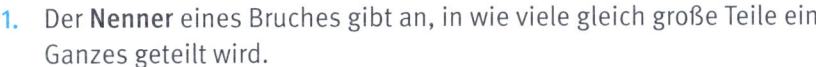

2. Ein Bruch wird **erweitert**, indem man Zähler und Nenner mit derselben natürlichen Zahl multipliziert.
   Beispiel: $\frac{2}{3} = \frac{2 \cdot 4}{3 \cdot 4} = \frac{8}{12}$

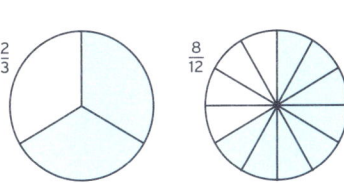

Erweitern mit 4

3. Ein Bruch wird **gekürzt**, indem man Zähler und Nenner durch dieselbe natürliche Zahl dividiert.
   Beispiel: $\frac{6}{8} = \frac{6:2}{8:2} = \frac{3}{4}$

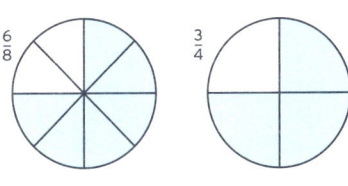

Kürzen mit 2

1 Größer, kleiner oder gleich?

Übungen

1 Erweitere.

a) $\frac{4}{6}$ mit 2: $\frac{4}{6} = \frac{\square}{\square}$

b) $\frac{1}{7}$ mit 5: $\frac{1}{7} = \frac{\square}{\square}$

c) $\frac{5}{12}$ mit 8: $\frac{5}{12} = \frac{\square}{\square}$

d) $\frac{9}{25}$ mit 4: $\frac{9}{25} = \frac{\square}{\square}$

2 Erweitere die folgenden Brüche jeweils mit 3, 4, 5 und 25:

erweitere	mit 3	mit 4	mit 5	mit 25
a) $\frac{3}{4}$				
b) $\frac{7}{8}$				

Tipp Wenn du einen Bruch erweitern sollst, ohne die **Erweiterungszahl** zu kennen, dann kannst du wie in den folgenden Beispielen vorgehen.

Beispiel 1, Zähler fehlt: $\frac{3}{12} = \frac{\square}{60}$

① Erweiterungszahl ausrechnen: $60 : 12 = \mathbf{5}$
② Den gegebenen Zähler (hier: 3) mit der Erweiterungszahl multiplizieren: $3 \cdot \mathbf{5} = 15$, also: $\frac{3}{12} = \frac{15}{60}$

Beispiel 2, Nenner fehlt: $\frac{8}{15} = \frac{32}{\square}$

① Erweiterungszahl ausrechnen: $32 : 8 = \mathbf{4}$
② Den gegebenen Nenner (hier: 15) mit der Erweiterungszahl multiplizieren: $15 \cdot \mathbf{4} = 60$, also: $\frac{8}{15} = \frac{32}{60}$

3 Erweitere auf den angegebenen Nenner bzw. Zähler.

a) $\frac{2}{3} = \frac{\square}{12}$

b) $\frac{6}{7} = \frac{72}{\square}$

c) $\frac{5}{8} = \frac{\square}{1000}$

d) $\frac{3}{4} = \frac{54}{\square}$

4 Kürze mit 3.

a) $\frac{9}{36} = \frac{\square}{\square}$

b) $\frac{24}{54} = \frac{\square}{\square}$

c) $\frac{21}{33} = \frac{\square}{\square}$

Erweitern und Kürzen

5 Kürze so weit wie möglich.

a) $\frac{12}{36} = \frac{}{} = \frac{}{}$
b) $\frac{28}{70} = \frac{}{} = \frac{}{}$

c) $\frac{75}{120} = \frac{}{} = \frac{}{}$
d) $\frac{54}{126} = \frac{}{} = \frac{}{}$

6 Gib die markierten Anteile durch vollständig gekürzte Brüche an.

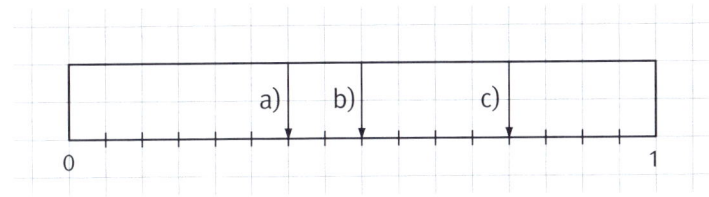

a) _____ b) _____ c) _____

Tipp | Wenn du einen Bruch kürzen sollst, ohne die **Kürzungszahl** zu kennen, dann kannst du wie in den folgenden Beispielen vorgehen.

Beispiel 1, Zähler fehlt: $\frac{24}{30} = \frac{}{5}$

① Kürzungszahl ausrechnen: $30 : 5 = \mathbf{6}$
② Den gegebenen Zähler (hier: 24) durch die Kürzungszahl dividieren: $24 : \mathbf{6} = 4$, also: $\frac{24}{30} = \frac{4}{5}$

Beispiel 2, Nenner fehlt: $\frac{35}{50} = \frac{7}{}$

① Kürzungszahl ausrechnen: $35 : 7 = \mathbf{5}$
② Den gegebenen Nenner (hier: 50) durch die Kürzungszahl dividieren: $50 : \mathbf{5} = 10$, also: $\frac{35}{50} = \frac{7}{10}$

7 Kürze auf den angegebenen Nenner bzw. Zähler.

a) $\frac{14}{21} = \frac{}{3}$
b) $\frac{18}{42} = \frac{3}{}$

1 Größer, kleiner oder gleich?

Fehler-Check

1 Erweitere.

a) $\frac{1}{5}$ mit 3: $\frac{1}{5}$ = ——

b) $\frac{9}{11}$ mit 11: $\frac{9}{11}$ = ——

c) $\frac{17}{35}$ mit 20: $\frac{17}{35}$ = ——

d) $\frac{6}{20}$ mit 4: $\frac{6}{20}$ = ——

2 Welche Zahlen fehlen?

a) $\frac{21}{27} = \frac{63}{}$

b) $\frac{76}{108} = \frac{}{27}$

c) $\frac{84}{196} = \frac{21}{}$

d) $\frac{}{96} = \frac{29}{32}$

3 Kürze so weit wie möglich.

a) $\frac{8}{16} =$

b) $\frac{6}{12} =$

c) $\frac{18}{30} =$

d) $\frac{235}{240} =$

4 Gib die markierten Anteile durch vollständig gekürzte Brüche an.

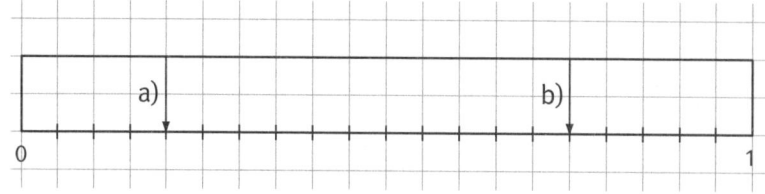

a)   b)

	Fehler	0–1 Fehler	2 Fehler	mehr als 2 Fehler
		Super!	In Ordnung!	Bitte noch einmal üben!

Brüche und gemischte Zahlen vergleichen

1. Vergleiche die Brüche und setze <, > oder = ein.
   a) $\frac{1}{3}$ < $\frac{1}{4}$ b) $\frac{4}{5}$ = $\frac{5}{6}$

2. Kreuze den größten Bruch an: $\frac{4}{5}$ ☐; $\frac{3}{4}$ ☒; $\frac{5}{8}$ ☐

3. Schreibe die gemischte Zahl als Bruch.
   a) $2\frac{3}{4} = \frac{2 \cdot 3}{4} = \frac{6}{4} = \frac{3}{2}$ b) $7\frac{1}{2} = \frac{7}{2} + \frac{1}{2} = \frac{8}{2} = 4$

Regeln

Vergleich von Brüchen

1. Wenn die **Nenner gleich** sind, musst du nur die Zähler vergleichen.
   Beispiel:

   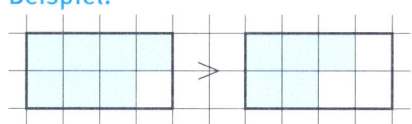

   $\frac{7}{8} > \frac{5}{8}$, weil 7 > 5.

2. Wenn die **Zähler gleich** sind, ist der Bruch mit dem größeren Nenner kleiner.
   Beispiel: $\frac{7}{9} > \frac{7}{12} > \frac{7}{100}$

3. Wenn die **Nenner verschieden** sind, musst du die Brüche so erweitern, dass sie den gleichen Nenner haben.
   Der kleinste gemeinsame Nenner ist das kgV der einzelnen Nenner. Man nennt ihn **Hauptnenner**.
   Beispiel: Vergleiche $\frac{3}{4}$ und $\frac{5}{7}$.

   Lösung: Hauptnenner: kgV (4; 7) = 28
   $\frac{3}{4} = \frac{21}{28}$; $\frac{5}{7} = \frac{20}{28}$; also $\frac{3}{4} > \frac{5}{7}$

1 Größer, kleiner oder gleich?

Wenn du nicht mehr weißt, wie man das kgV (**k**leinstes **g**emeinsames **V**ielfaches) bildet, sieh dir das folgende Beispiel an:

$$\text{kgV}(12, 18)$$
$$12 = 2 \cdot 2 \cdot 3$$
$$18 = 2 \cdot 3 \cdot 3$$
$$\text{kgV}(12; 18) = 2 \cdot 2 \cdot 3 \cdot 3 = 36$$

Die Zahlen 12 und 18 werden in Primfaktoren zerlegt. Dann wird jeder Primfaktor so oft aufgeschrieben, wie er in einer Primfaktorzerlegung am häufigsten auftritt.

4. **Gemischte Zahlen** setzen sich aus einer ganzen Zahl und einem Bruch zusammen.

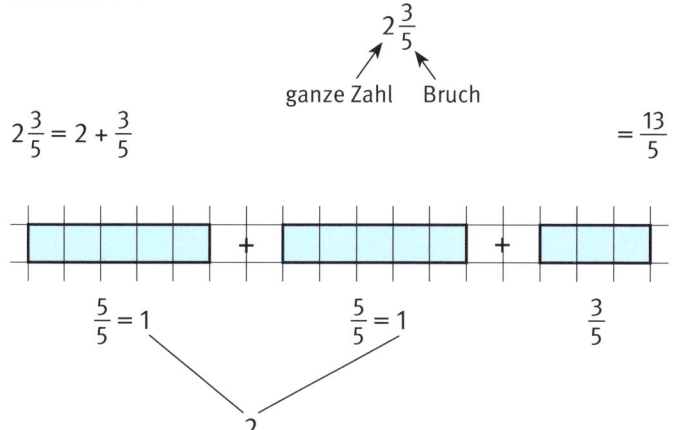

5. Gemischte Zahlen lassen sich wie folgt in **unechte Brüche** (der Zähler ist größer als der Nenner) umwandeln:
Du musst die ganze Zahl mit dem Nenner multiplizieren und zu diesem Ergebnis den Zähler addieren. Der alte Nenner bleibt erhalten.
Beispiel: $2\frac{3}{5} = \frac{13}{5}$, weil $2 \cdot 5 = 10$ und $10 + 3 = 13$ ist.

6. Unechte Brüche kannst du so in **gemischte Zahlen** umwandeln:
Du dividierst den Zähler durch den Nenner. Der ganzzahlige Anteil ist die ganze Zahl. Der Rest ergibt den neuen Zähler und der Nenner bleibt erhalten.
Beispiel: $\frac{7}{3} = 2\frac{1}{3}$, weil $7 : 3 = 2$ Rest 1 ($:3$) ist.

Brüche und gemischte Zahlen vergleichen

Übungen

1 Trage die Brüche auf den Zahlenstrahl auf.
Gib dann den größten Bruch an.
$\frac{3}{4}, \frac{5}{12}, \frac{1}{6}, \frac{2}{3}, \frac{7}{12}$

```
|---+---+---+---+---+---+---+---+---+---+---|→
0                                           1
```

2 Vergleiche die Brüche und setze <, > oder = ein.
Nimm dein Heft für die Nebenrechnungen.

a) $\frac{2}{3}$ __ $\frac{4}{5}$; HN = __

b) $\frac{1}{3}$ __ $\frac{2}{7}$; HN = __

c) $\frac{3}{5}$ __ $\frac{2}{3}$; HN = __

d) $\frac{4}{5}$ __ $\frac{4}{6}$; HN = __

e) $\frac{5}{7}$ __ $\frac{15}{21}$; HN = __

f) $\frac{7}{10}$ __ $\frac{5}{8}$; HN = __

3 Suche die größte und die kleinste Zahl heraus.

$\boxed{\frac{7}{30}}$ $\boxed{\frac{3}{5}}$ $\boxed{\frac{1}{10}}$ $\boxed{\frac{5}{6}}$ $\boxed{\frac{1}{6}}$ $\boxed{\frac{2}{30}}$ $\boxed{\frac{15}{60}}$

HN = __

größte Zahl: __ ; kleinste Zahl: __

4 Gib als gemischte Zahl oder als unechten Bruch an.

a) $\frac{9}{4}$ =

b) $3\frac{3}{8}$ =

c) $\frac{28}{9}$ =

d) $7\frac{1}{5}$ =

e) $10\frac{3}{10}$ =

f) $\frac{41}{8}$ =

g) $2\frac{1}{15}$ =

h) $\frac{43}{25}$ =

1 Größer, kleiner oder gleich?

Fehler-Check

1 Vergleiche die Brüche und setze <, > oder = ein.

a) $\frac{1}{3}$ $\frac{1}{4}$; HN = _____

b) $\frac{4}{5}$ $\frac{5}{6}$; HN = _____

c) $\frac{7}{9}$ $\frac{8}{12} = \frac{24}{36}$; HN = _____

d) $\frac{2}{7}$ $\frac{14}{49}$; HN = _____

2 Vergleiche und gib den größten Bruch an. $\frac{4}{5}$; $\frac{3}{4}$; $\frac{5}{8}$

kgV (4; 5; 8) = _____ ; HN = _____

$\frac{4}{5}$ = ——— ; $\frac{3}{4}$ = ——— ; $\frac{5}{8}$ = ——— ⇒ ——— ist der größte Bruch.

3 Welcher Anteil ist in den abgebildeten Flächen jeweils weiß gefärbt? Vergleiche die Flächeninhalte (weiß gefärbt) und gib den größeren an.

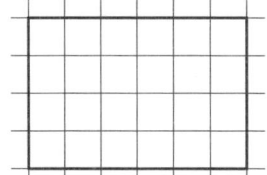

Rechteck: —— Kreis: ——

Der weiß gefärbte Flächenanteil im _____ ist etwas größer.

4 Schreibe als gemischte Zahl oder als unechten Bruch.

a) $2\frac{3}{4}$ =   b) $7\frac{1}{2}$ =   c) $\frac{6}{5}$ =   d) $\frac{29}{7}$ =

| | Fehler | 0 – 1 Fehler | 2 Fehler | mehr als 2 Fehler |
| | | Super! | In Ordnung! | Bitte noch einmal üben! |

Addition und Subtraktion von Brüchen

Addition

1. Berechne. Kürze das Ergebnis, falls möglich.
   a) $\frac{2}{7} + \frac{3}{7} = \frac{5}{14}$
   b) $\frac{4}{5} + \frac{1}{2} = \frac{4}{10} + \frac{1}{10} = \frac{5}{10} = \frac{1}{2}$

2. Addiere. Falls möglich, kürze das Ergebnis und schreibe es als gemischte Zahl.
   a) $\frac{2}{5} + 2 = \frac{2+2}{5} = \frac{4}{5}$
   b) $2\frac{3}{4} + 1\frac{2}{3} = 3 + \frac{3}{4} + \frac{2}{3} = 3\frac{5}{7}$

Regeln

1. Brüche mit **gleichen Nennern** werden addiert, indem man die Zähler addiert und den Nenner unverändert lässt.
   Beispiel: $\frac{2}{4} + \frac{1}{4} = \frac{2+1}{4} = \frac{3}{4}$

2. Brüche mit **unterschiedlichen Nennern** werden vor dem Addieren so erweitert, dass sie den gleichen Nenner haben. Diesen Hauptnenner findest du mit dem kgV der Nenner.
   Beispiel: $\frac{2}{3} + \frac{3}{4} = \frac{8}{12} + \frac{9}{12} = \frac{17}{12} = 1\frac{5}{12}$
   kgV (3; 4) = 2 · 2 · 3 = 12.

3. Brüche werden zu **natürlichen Zahlen** addiert, indem man sie zu gemischten Zahlen zusammenzieht.
   Beispiele: $\frac{1}{4} + 3 = 3\frac{1}{4}$; $5 + \frac{2}{5} = 5\frac{2}{5}$

4. Brüche in **gemischter Schreibweise** werden addiert, indem man sie zunächst gleichnamig macht (auf den Hauptnenner bringt). Dann werden die Ganzen und die Bruchteile getrennt addiert. Zum Schluss zieht man sie zu einer gemischten Zahl zusammen.
   Beispiele: $3\frac{1}{2} + 4\frac{2}{3} = 3\frac{3}{6} + 4\frac{4}{6} = (3+4) + \left(\frac{3}{6} + \frac{4}{6}\right) = 7 + \frac{7}{6} = 7\frac{7}{6} = 8\frac{1}{6}$
   $4\frac{1}{6} + 2\frac{2}{3} = 4\frac{1}{6} + 2\frac{4}{6} = 6\frac{5}{6}$

2 Addition und Subtraktion von Brüchen

Übungen

1 Addiere.

a) $\frac{2}{4} + \frac{1}{4} = \frac{}{}$
b) $\frac{2}{7} + \frac{3}{7} = \frac{}{}$
c) $\frac{10}{25} + \frac{13}{25} = \frac{}{}$

d) $\frac{1}{5} + \frac{3}{4} = \frac{}{} + \frac{}{} = \frac{}{}$
e) $\frac{2}{7} + \frac{4}{9} = \frac{}{} + \frac{}{} = \frac{}{}$

2 Ergänze das Quadrat so, dass die Summe in jeder Zeile, jeder Spalte und jeder Diagonale 1 ergibt.

	$\frac{3}{5}$	$\frac{4}{15}$
	$\frac{1}{3}$	

3 Bilde Additionsaufgaben, indem du den ersten Summanden aus dem linken Feld und den zweiten Summanden aus dem rechten Feld wählst. Die Summe soll eine ganze Zahl ergeben.
Wie viele Additionsaufgaben kann man so bilden?

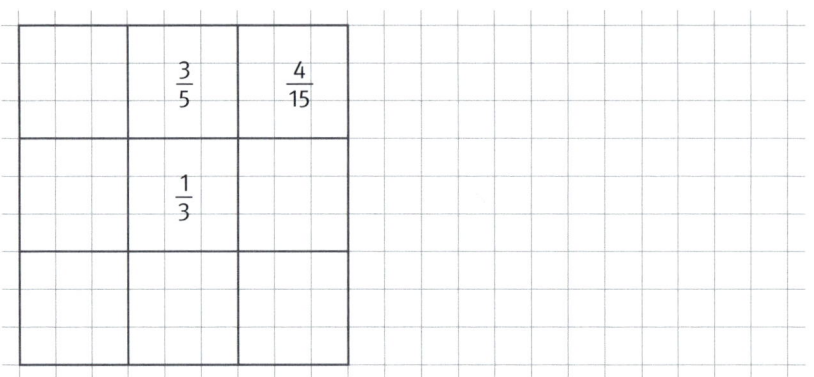

Linkes Feld: $\frac{8}{10}$, $\frac{3}{8}$, $1\frac{1}{4}$, $\frac{2}{3}$, $\frac{1}{2}$

Rechtes Feld: $\frac{1}{4}$, $\frac{9}{10}$, $\frac{4}{3}$, $\frac{1}{5}$

Addition

4 Auf dem Bild rechts siehst du die Anteile der einzelnen Kontinente, bezogen auf das gesamte Festland der Erde.

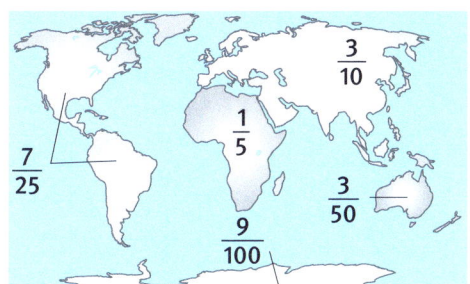

a) Berechne den Anteil von Europa.

b) Welcher Kontinent hat den größten bzw. kleinsten Flächenanteil?

5 Addiere und gib das Ergebnis als gemischte Zahl an.

a) $2\frac{3}{5} + 1\frac{2}{7} =$

b) $2\frac{7}{9} + 3\frac{5}{6} =$

c) $3\frac{1}{2} + 6\frac{6}{9} =$

d) $\frac{19}{10} + 8\frac{1}{4} =$

6 Auf den abgebildeten Paketen ist jeweils das Gewicht in kg angegeben. Wie viel wiegen alle Pakete zusammen?

2 Addition und Subtraktion von Brüchen

Tipp

Brüche sind keine Entdeckung unserer Zeit. Schon vor 5000 Jahren kannten die Ägypter Zeichen für Brüche. Wenige Brüche hatten Sonderzeichen $\left(\frac{1}{2}, \frac{1}{4} \text{ und } \frac{2}{3}\right)$, alle anderen Brüche waren Stammbrüche. Brüche mit dem Zähler 1 $\left(\frac{1}{2}, \frac{1}{3}, \frac{1}{4}, \frac{1}{5}, ...\right)$ heißen **Stammbrüche**.

Ansonsten stellten die Ägypter Brüche als Summe verschiedener Stammbrüche dar. Sie besaßen sogar Tabellen, in denen für die Brüche $\frac{2}{3}, \frac{2}{5}, \frac{2}{7}, ..., \frac{2}{99}, \frac{2}{101}$ die Zerlegungen in Stammbruchsummen angegeben waren.

Beispiele: $\frac{2}{3} = \frac{1}{2} + \frac{1}{6}$ $\quad \frac{2}{5} = \frac{1}{3} + \frac{1}{15}$ $\quad \frac{7}{8} = \frac{1}{2} + \frac{1}{3} + \frac{1}{24}$

Stammbruchsummen von Brüchen kannst du finden, indem du wiederholt den größtmöglichen Stammbruch abspaltest.

Beispiel: Schreibe $\frac{2}{9}$ als Summe verschiedener Stammbrüche.

Lösung:

① Suche nach dem größten Stammbruch, der aber kleiner als $\frac{2}{9}$ ist: Vergrößere dazu den Nenner von $\frac{2}{9}$ jeweils um 1 bis zu einem kürzbaren Bruch. Das ist dann der erste Stammbruch.

$\frac{2}{9} \xrightarrow{+1} \frac{2}{10}$ (kürzbar) $= \frac{1}{5}$

② Jetzt musst du den Rest berechnen, den du zu $\frac{1}{5}$ addieren musst. Dazu vergleichst du $\frac{2}{9}$ und $\frac{1}{5}$ mithilfe des Hauptnenners.

$\frac{2}{9}, \frac{1}{5}$: HN: 45; $\frac{2}{9} = \frac{10}{45}$; $\frac{1}{5} = \frac{9}{45}$; Der fehlende Rest beträgt $\frac{1}{45}$.

③ $\frac{2}{9} = \frac{1}{5} + \frac{1}{45}$

Wenn der fehlende Rest bei ② kein Stammbruch ist, dann musst du mit diesem Rest noch einmal wie unter ① einen weiteren größten Stammbruch bilden, bis der fehlende Rest ein Stammbruch ist.

Addition

7 Berechne die Stammbruchsummen durch Abspalten.

a) $\frac{2}{7} =$ 　　　　　b) $\frac{3}{5} =$ 　　　　　c) $\frac{4}{9} =$

d) $\frac{7}{10} =$ 　　　　　e) $\frac{3}{11} =$ 　　　　　f) $\frac{7}{12} =$

8 Vervollständige die Additions-Zahlenmauern.

a)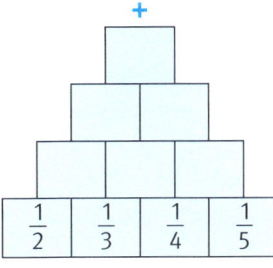

b)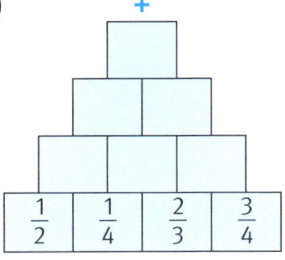

9 Nenne alle Brüche mit dem Nenner 7, die zwischen 2 und 3 liegen. Wie groß ist ihre Summe?

10 Ein Lastwagen wiegt leer $2\frac{3}{4}$ t. Das zulässige Gesamtgewicht beträgt $7\frac{1}{2}$ t. Für den Bau eines Gartenteichs sollen geladen werden: $1\frac{1}{2}$ t Sand, $1\frac{3}{4}$ t Kies, $1\frac{1}{4}$ t Steine und $\frac{1}{2}$ t Zement. Wie würdest du entscheiden?

Addition und Subtraktion von Brüchen

Fehler-Check

1 Addiere. Falls möglich, kürze das Ergebnis und schreibe es als gemischte Zahl.

a) $\frac{2}{7} + \frac{3}{7} =$ b) $\frac{4}{5} + \frac{1}{2} =$

c) $\frac{3}{4} + \frac{5}{6} =$ d) $\frac{5}{8} + \frac{3}{24} =$

2 Bestimme die fehlenden Stammbrüche.

a) $\frac{3}{10} = \frac{1}{4} + $ —— b) $\frac{3}{16} = \frac{1}{6} + $ —— c) $\frac{8}{15} = \frac{1}{2} + $ —— d) $\frac{10}{21} = \frac{1}{3} + $ ——

3 Berechne und schreibe das Ergebnis als gemischte Zahl. Kürze, falls möglich.

a) $\frac{2}{5} + 2 =$

b) $2\frac{3}{4} + 1\frac{2}{3} =$

c) $3\frac{7}{10} + \frac{11}{4} =$

4 Die Kartoffelernte in Deutschland wird in folgenden Anteilen genutzt: Speisekartoffeln: $\frac{2}{5}$; Stärke: $\frac{1}{30}$; Saatgut: $\frac{1}{12}$; Verlust $\frac{1}{12}$. Berechne den Rest, der als Futterkartoffeln genutzt wird. Ist er größer als $\frac{1}{3}$?

 Fehler   0 – 2 Fehler   3 – 5 Fehler   mehr als 5 Fehler

Super!   In Ordnung!   Bitte noch einmal üben!

Subtraktion

Subtrahiere. Kürze das Ergebnis, falls möglich.

a) $\frac{3}{8} - \frac{1}{3} = \underline{\frac{2}{5}}$

b) $\frac{3}{4} - \frac{5}{8} = \underline{\frac{2}{4}} = \underline{\frac{1}{2}}$ ||

c) $1 - \frac{3}{5} = \underline{\frac{1-3}{5}} = \underline{\frac{2}{5}}$

d) $3 - \frac{6}{15} = \underline{\frac{3}{3}} - \frac{6}{15} = \underline{\frac{15}{15}} - \frac{6}{15} = \underline{\frac{9}{15}} = \ldots$ ||||

Regeln

1. **Brüche mit gleichen Nennern** werden subtrahiert, indem man die Zähler subtrahiert und den Nenner beibehält.
   Beispiel: $\frac{4}{5} - \frac{1}{5} = \frac{4-1}{5} = \frac{3}{5}$

2. **Brüche mit unterschiedlichen Nennern** werden vor dem Subtrahieren zunächst so erweitert, dass sie den gleichen Nenner (Hauptnenner) haben. Danach verfährst du wie nach Regel 1.
   Beispiel: $\frac{3}{4} - \frac{2}{3} = \frac{9}{12} - \frac{8}{12} = \frac{1}{12}$ HN: 12

3. Brüche werden von **natürlichen Zahlen** wie folgt subtrahiert:
   Beispiel: $3 - \frac{3}{5} = 2\frac{5}{5} - \frac{3}{5} = 2\frac{2}{5}$
   Hier wurde 1 von 3 subtrahiert und als $\frac{5}{5}$ addiert.

4. Brüche in **gemischter Schreibweise** werden subtrahiert, indem man sie zunächst so erweitert, dass sie den gleichen Nenner haben. Dann werden die Ganzen und die Bruchteile getrennt subtrahiert. Zum Schluss zieht man sie zu einer gemischten Zahl zusammen.
   Beispiele: $3\frac{3}{4} - 1\frac{2}{3} = 3\frac{9}{12} - 1\frac{8}{12} = (3-1) + \left(\frac{9}{12} - \frac{8}{12}\right) = 2\frac{1}{12}$
   Wenn der **erste Zähler kleiner als der zweite Zähler** ist, musst du wie folgt vorgehen:
   $4\frac{1}{2} - 2\frac{5}{8} = 4\frac{4}{8} - 2\frac{5}{8} = 3\frac{12}{8} - 2\frac{5}{8} = 1\frac{7}{8}$
   Hier wurde 1 von 4 subtrahiert und als $\frac{8}{8}$ zu $\frac{4}{8}$ addiert.

Addition und Subtraktion von Brüchen

Übungen

1 Subtrahiere. Kürze das Ergebnis, falls möglich.

a) $\frac{3}{5} - \frac{2}{5} =$

b) $\frac{5}{7} - \frac{1}{7} =$

c) $\frac{9}{10} - \frac{2}{10} =$

d) $\frac{4}{5} - \frac{5}{8} =$

e) $\frac{5}{12} - \frac{3}{20} =$

2 Bilde Subtraktionsaufgaben, indem du den Minuenden aus dem linken Feld und den Subtrahenden aus dem rechten Feld wählst. Bilde Aufgaben mit dem Ergebnis 1 oder 0.

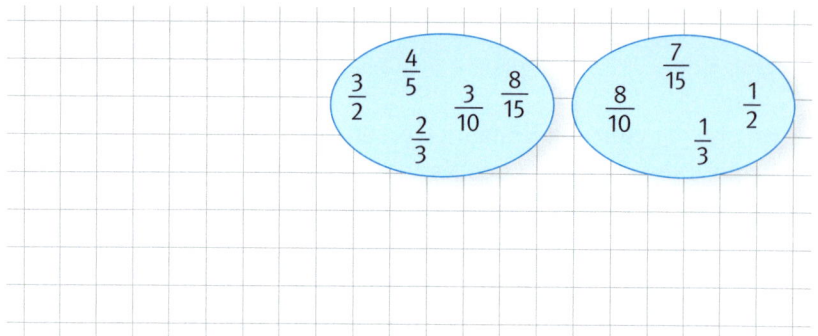

3 Berechne die fehlende Zahl.

a) ____ $- \frac{1}{3} = \frac{1}{2}$

b) ____ $+ \frac{3}{5} = \frac{7}{10}$

c) ____ $- \frac{3}{10} = \frac{5}{8}$

d) ____ $+ \frac{1}{3} = \frac{2}{5}$

4 Anja berechnet die Aufgabe $\frac{1}{3} + \frac{1}{5} + \frac{3}{10} - \frac{4}{5} =$ wie folgt:

$$\frac{1}{3} + \frac{1}{5} = \frac{8}{15} + \frac{3}{10} = \frac{25}{30} - \frac{4}{5} = \frac{1}{30}$$

Wo steckt der Fehler? Korrigiere.

Subtraktion

5 Fülle den Rechenbaum aus und nimm Nebenrechnungen auf dem Karofeld vor. Kürze, wenn möglich.

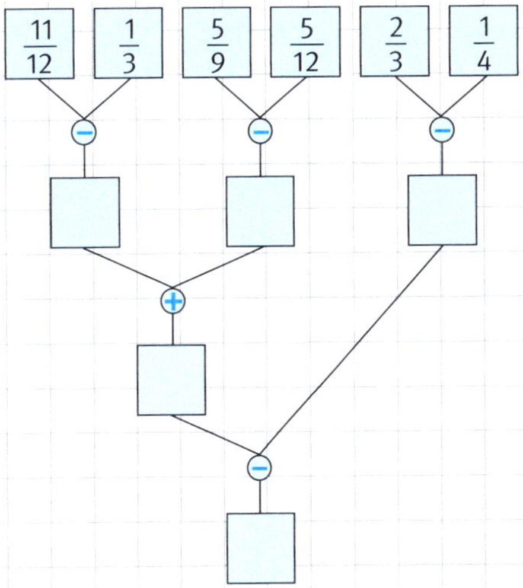

$\frac{11}{12}$ $\frac{1}{3}$ $\frac{5}{9}$ $\frac{5}{12}$ $\frac{2}{3}$ $\frac{1}{4}$

6 Ergänze die Subtraktions-Zahlenmauer.

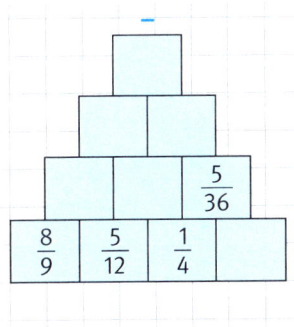

2 Addition und Subtraktion von Brüchen

7 Berechne. Schreibe das Ergebnis als gemischte Zahl und kürze, falls möglich.

a) $9 - \frac{8}{15} =$

b) $2 - \frac{13}{18} =$

c) $3\frac{3}{4} - 2\frac{1}{4} =$

d) $2\frac{1}{12} - 1\frac{11}{12} =$

e) $8\frac{1}{2} - 1\frac{2}{5} =$

f) $7\frac{3}{8} - 2\frac{3}{5} =$

g) $7\frac{3}{4} - 2\frac{1}{5} - 1\frac{3}{8} =$

h) $5\frac{5}{12} - 1\frac{4}{5} + 2\frac{7}{10} =$

8 Berechne und ergänze.

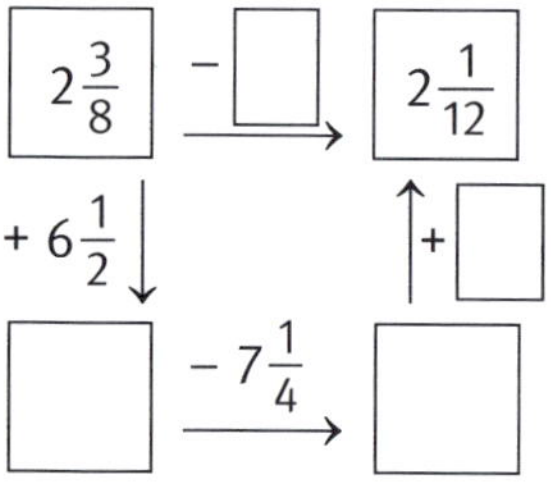

$2\frac{3}{8}$ $- \square \rightarrow$ $2\frac{1}{12}$

$+ 6\frac{1}{2} \downarrow \qquad \uparrow + \square$

$\square \quad - 7\frac{1}{4} \rightarrow \square$

9 Für ein Schulfest mischen die Schülerinnen und Schüler der Klasse 6a ein Mixgetränk aus $3\frac{1}{2}$ l Orangensaft, $\frac{3}{4}$ l Limonade und 3 Flaschen Blutorangensaft zu je $\frac{7}{10}$ l. Der Rest wird mit Mineralwasser aufgefüllt. Insgesamt sollen $8\frac{1}{8}$ l Mixgetränk hergestellt werden. Wie viel Mineralwasser wird dafür noch benötigt? Rechne im Heft.

Subtraktion

Fehler-Check

1 Subtrahiere. Kürze das Ergebnis, falls möglich.

a) $\frac{7}{8} - \frac{3}{8} =$

b) $\frac{5}{6} - \frac{2}{3} =$

c) $\frac{3}{8} - \frac{1}{3} =$

d) $\frac{3}{4} - \frac{5}{8} =$

e) $\frac{7}{12} - \frac{2}{5} =$

f) $\frac{11}{20} - \frac{7}{15} =$

2 Berechne und schreibe das Ergebnis als gemischte Zahl.
Kürze, falls möglich. Nimm dein Heft für die Nebenrechnungen.

a) $1 - \frac{3}{5} =$

b) $3 - \frac{6}{15} =$

c) $\frac{7}{3} - \frac{13}{10} =$

d) $8\frac{2}{5} - 7\frac{1}{9} =$

e) $18\frac{3}{4} - 11\frac{1}{6} =$

f) $3\frac{4}{9} + 2\frac{1}{3} - 4\frac{1}{2} =$

3 Ergänze den Rechenbaum und kürze, wenn möglich.

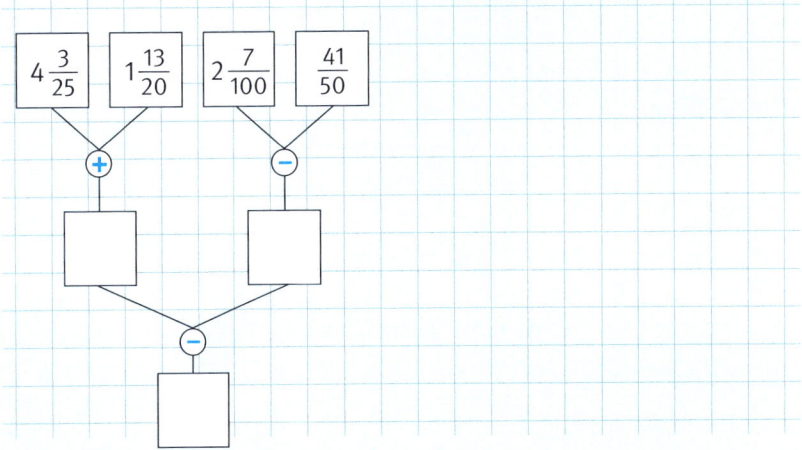

| | Fehler | 0 – 2 Fehler | 3 – 5 Fehler | mehr als 5 Fehler |
| | | Super! | In Ordnung! | Bitte noch einmal üben! |

3 Multiplikation

Bruch mal Bruch

1. Multipliziere und kürze das Ergebnis, falls möglich.

   a) $\frac{5}{7} \cdot \frac{2}{7} = \frac{5 \cdot 2}{7} = \frac{10}{7}$

   b) $\frac{4}{9} \cdot \frac{5}{9} = \frac{20}{18} = \frac{10}{9}$ ||

   c) $\frac{1}{2} \cdot \frac{1}{5} = \frac{2}{10}$

   d) $\frac{2}{5} \cdot \frac{3}{10} = \frac{4}{10} \cdot \frac{3}{10} = \frac{4 \cdot 3}{10} = \frac{12}{10} = \frac{6}{5}$ ||

2. Eine Wandergruppe legt am ersten Tag ein Fünftel der Gesamtstrecke zurück, am zweiten Tag fünf Sechstel vom Rest. Welcher Anteil bleibt für den dritten Tag übrig?

   1. Tag $\frac{1}{5}$ 2. Tag $\frac{4}{5} \cdot \frac{5}{6}$ 3. Tag übriger Anteil

   $\frac{4}{5} \cdot \frac{5}{6} = \frac{9}{30} = \frac{3}{10}$, $\frac{1}{5} + \frac{3}{10} = \frac{2}{10} + \frac{3}{10} = \frac{5}{10} = \frac{1}{2}$ |

   Für den dritten Tag bleibt noch die halbe Wegstrecke übrig.

Regeln

1. Zwei Brüche werden **multipliziert**, indem man die Zähler miteinander und die Nenner miteinander multipliziert.

   Beispiel: $\frac{2}{3} \cdot \frac{4}{5}$

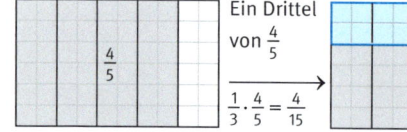
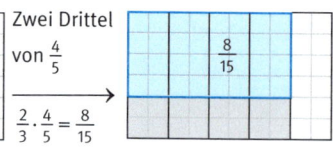

Das erste Rechteck hat 15 ▢-Kästchen. Vier Fünftel sind grau gefärbt. Ein Drittel von $\frac{4}{5}$ ergibt dann im zweiten Rechteck 4 blau gefärbte Kästchen von 15 $\left(\frac{4}{15}\right)$. Im dritten Rechteck siehst du, wie man Brüche multipliziert: $\frac{2}{3} \cdot \frac{4}{5} = \frac{2 \cdot 4}{3 \cdot 5} = \frac{8}{15}$ $\frac{\text{(Zähler mal Zähler)}}{\text{(Nenner mal Nenner)}}$

Bruch mal Bruch

2. Vor vielen Rechnungen kannst du kürzen, um dann mit kleineren Zahlen zu multiplizieren! So vermeidest du Rechenfehler.

   Beispiel: $\frac{3}{5} \cdot \frac{10}{27} = \frac{3 \cdot \overset{2}{\cancel{10}}}{\underset{1}{\cancel{5}} \cdot 27} = \frac{\cancel{3} \cdot 2}{1 \cdot \underset{9}{\cancel{27}}} = \frac{1 \cdot 2}{1 \cdot 9} = \frac{2}{9}$

   Du darfst auch in einem Schritt kürzen: $\frac{\overset{1}{\cancel{2}}}{\underset{1}{\cancel{7}}} \cdot \frac{\overset{5}{\cancel{35}}}{\underset{6}{\cancel{12}}} = \frac{5}{6}$

Übungen

1 Multipliziere und kürze, falls möglich.

a) $\frac{2}{7} \cdot \frac{3}{5} =$ b) $\frac{1}{5} \cdot \frac{7}{8} =$

c) $\frac{4}{9} \cdot \frac{4}{9} =$ d) $\frac{3}{4} \cdot \frac{5}{6} =$

e) $\frac{5}{9} \cdot \frac{4}{15} =$ f) $\frac{7}{8} \cdot \frac{4}{7} =$

2 Ergänze die fehlenden Zahlen.

a) $\frac{3}{4} \cdot \underline{} = \frac{18}{28}$ b) $\frac{6}{\underline{}} \cdot \frac{}{8} = \frac{42}{56}$ c) $\frac{15}{\underline{}} \cdot \frac{3}{4} = \frac{}{64}$ d) $\frac{4}{5} \cdot \underline{} = \frac{4}{10}$

3 Die Erdoberfläche ist zu $\frac{7}{10}$ von Wasser bedeckt. Den Rest bildet die Landoberfläche. Der Anteil von Europa beträgt $\frac{7}{100}$ der Landoberfläche.

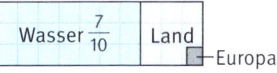

a) Berechne den Anteil, den Europa an der ganzen Erdoberfläche hat.
b) Das Nordpolarmeer umfasst $\frac{4}{100}$ der Wasseroberfläche.
   Vergleiche mit Europa.

Multiplikation

4 Ergänze die Multiplikations-Zahlenmauer. Kürze, falls möglich.

5 Ein Bauer baut Getreide und Mais an. Der Getreideanteil beträgt $\frac{3}{4}$, davon sind $\frac{2}{5}$ Weizen. Wird mehr Weizen oder Mais angebaut? Löse zeichnerisch und rechnerisch.
Trage den Getreide-, Weizen- und Maisanteil ein.

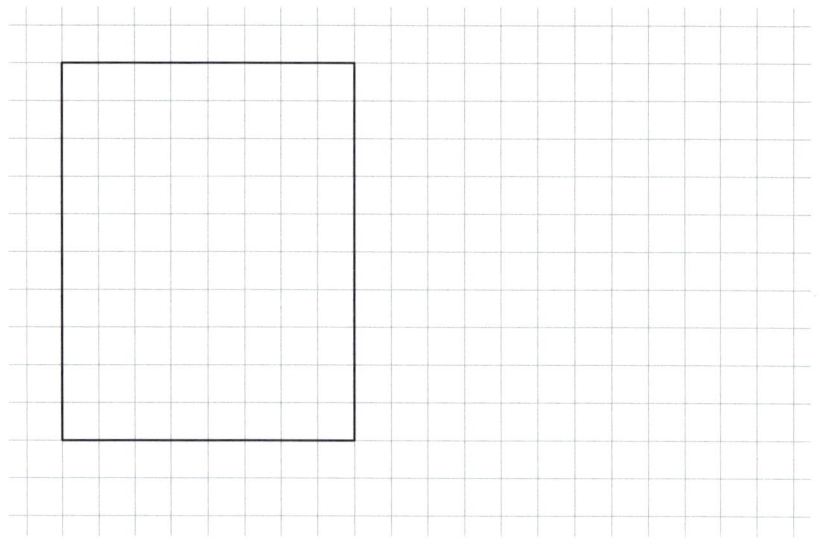

Bruch mal Bruch

6 Ergänze den Rechenbaum und kürze, falls möglich.

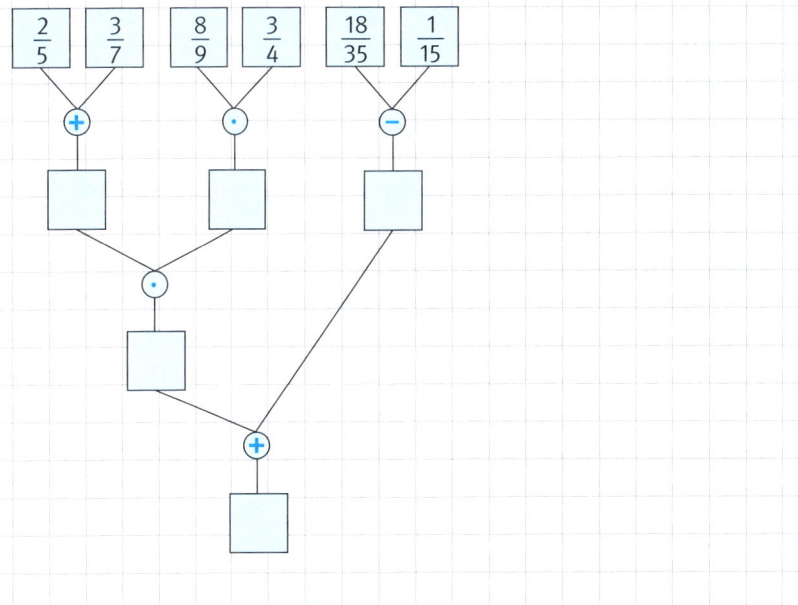

7 Eine Flasche Mineralwasser hat einen Inhalt von $\frac{7}{10}$ l.
Manon trinkt davon ein Drittel. Wie viel l Mineralwasser sind das?

8 Berechne. Kürze, falls möglich.

a) $\frac{2}{5} \cdot \frac{3}{7} \cdot \frac{15}{9} =$

b) $\frac{6}{21} \cdot \frac{14}{18} \cdot \frac{3}{5} =$

c) $\frac{5}{6} \cdot \frac{4}{9} \cdot \frac{3}{10} =$

d) $\frac{3}{8} \cdot \frac{1}{6} \cdot \frac{2}{7} =$

3 Multiplikation

Fehler-Check

1. Multipliziere. Kürze das Ergebnis, wenn möglich.

   a) $\dfrac{5}{7} \cdot \dfrac{2}{7} =$

   b) $\dfrac{4}{9} \cdot \dfrac{5}{9} =$

   c) $\dfrac{1}{2} \cdot \dfrac{1}{5} =$

   d) $\dfrac{2}{5} \cdot \dfrac{3}{10} =$

   e) $\dfrac{2}{9} \cdot \dfrac{3}{8} =$

   f) $\dfrac{3}{7} \cdot \dfrac{14}{15} \cdot \dfrac{5}{8} =$

2. Afrika ist zu $\dfrac{3}{5}$ mit Wüsten bedeckt. Davon nimmt die Wüste Sahara $\dfrac{5}{12}$ ein. Wie groß ist der Anteil der Sahara vom ganzen Kontinent Afrika?

3. Ein Bauer hat seinen Hof wie im Bild rechts aufgeteilt: $\dfrac{1}{7}$ der Gesamtfläche sind Gebäude. Die Restfläche wird zu $\dfrac{1}{3}$ mit Gemüse, zur Hälfte mit Weizen und zu einem Anteil mit Hafer bebaut. Berechne die Gesamtanteile von Gemüse, Weizen und Hafer.

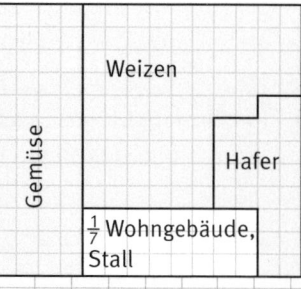

Fehler	0 – 2 Fehler	3 – 5 Fehler	mehr als 5 Fehler
	Super!	In Ordnung!	Bitte noch einmal üben!

Bruch mal natürliche und gemischte Zahl

Schreibe als gemischte Zahl. Kürze, falls möglich.

a) $4 \cdot \frac{1}{8} = \frac{4 \cdot 1}{4 \cdot 8} = \frac{4}{32} = \frac{1}{8}$ b) $\frac{3}{11} \cdot 5 = \frac{3}{11} \cdot \frac{1}{5} = \frac{3}{55}$

c) $5\frac{1}{2} \cdot \frac{1}{4} = 5\frac{1}{8}$ d) $2\frac{1}{3} \cdot 4\frac{2}{5} = 8\frac{2}{15}$ e) $2\frac{1}{2} \cdot 6 = 12\frac{1}{2}$

Regeln

1. Du multiplizierst einen Bruch mit einer natürlichen Zahl, indem du den Zähler mit der natürlichen Zahl multiplizierst und den Nenner beibehältst.
   Beispiele: $5 \cdot \frac{2}{3} = \frac{5 \cdot 2}{3} = \frac{10}{3} = 3\frac{1}{3}$; $\frac{3}{4} \cdot 3 = \frac{3 \cdot 3}{4} = \frac{9}{4} = 2\frac{1}{4}$

2. Du multiplizierst einen Bruch mit einer gemischten Zahl, indem du die gemischte Zahl zuerst in einen unechten Bruch umwandelst. Danach multiplizierst du die Zähler miteinander und die Nenner miteinander.
   Beispiel: $4\frac{1}{2} \cdot \frac{2}{5} = \frac{9}{2} \cdot \frac{2}{5} = \frac{9 \cdot \overset{1}{2}}{\underset{1}{2} \cdot 5} = \frac{9}{5} = 1\frac{4}{5}$

3. Du multiplizierst eine natürliche Zahl mit einer gemischten Zahl, indem du die gemischte Zahl in einen unechten Bruch verwandelst. Danach benutzt du Regel 1.
   Beispiel: $3 \cdot 4\frac{2}{7} = 3 \cdot \frac{30}{7} = \frac{3 \cdot 30}{7} = \frac{90}{7} = 12\frac{6}{7}$

4. Du multiplizierst zwei gemischte Zahlen miteinander, indem du sie zunächst in unechte Brüche umwandelst. Dann kannst du die Zähler miteinander und die Nenner miteinander multiplizieren.
   Beispiel: $3\frac{3}{4} \cdot 3\frac{5}{8} = \frac{15}{4} \cdot \frac{29}{8} = \frac{435}{32} = 13\frac{19}{32}$

Multiplikation

Übungen

1 Dein Stundenplan hat 31 Unterrichtsstunden pro Woche. Eine Unterrichtsstunde dauert eine $\frac{3}{4}$ h. Wie lange hast du pro Woche Unterricht?

2 Multipliziere und schreibe das Ergebnis als gemischte Zahl. Kürze, falls möglich.

a) $\frac{2}{5} \cdot 4 =$

b) $6 \cdot \frac{5}{8} =$

c) $\frac{7}{9} \cdot 3 =$

d) $8 \cdot \frac{1}{2} =$

3 Welche Aufgaben sind dargestellt?

a)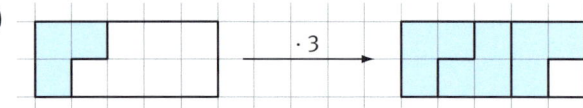

b)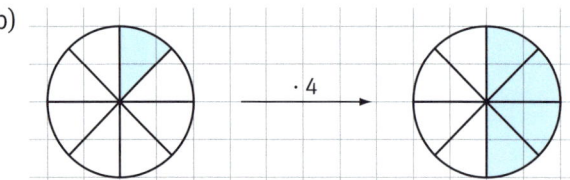

4 Mache zu den Aufgaben jeweils eine Zeichnung (wie in Aufgabe 3 a).

a) $\frac{1}{10} \cdot 6$ b) $\frac{1}{5} \cdot 4$ c) $\frac{3}{8} \cdot 2$ d) $\frac{1}{6} \cdot 3$

Bruch mal natürliche und gemischte Zahl

5 Berechne die Produkte.
Schreibe das Ergebnis als vollständig gekürzte gemischte Zahl.

a) $5\frac{1}{2} \cdot 3\frac{4}{5} =$

b) $5\frac{7}{20} \cdot 3\frac{1}{3} =$

c) $2\frac{8}{9} \cdot 2\frac{1}{2} =$

d) $6\frac{3}{8} \cdot 1\frac{1}{17} =$

e) $4\frac{1}{2} \cdot 4\frac{1}{2} =$

f) $9\frac{1}{6} \cdot 3\frac{3}{5} =$

6 Berechne den Flächeninhalt in m². Welches Rechteck ist größer?

a)  $3\frac{1}{2}$ m

$2\frac{1}{2}$ m

b)  $2\frac{2}{3}$ m

$3\frac{1}{3}$ m

Multiplikation

7 Ordne die Produkte nach der Größe.

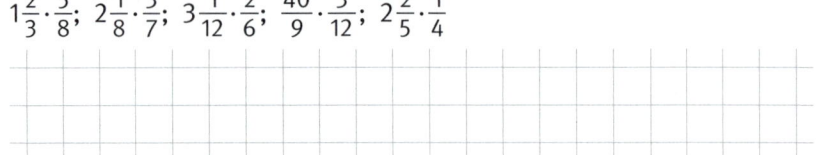

$1\frac{2}{3} \cdot \frac{5}{8}$; $2\frac{1}{8} \cdot \frac{3}{7}$; $3\frac{1}{12} \cdot \frac{2}{6}$; $\frac{40}{9} \cdot \frac{3}{12}$; $2\frac{2}{5} \cdot \frac{1}{4}$

8 Ergänze den Rechenbaum. Kürze, wenn möglich.

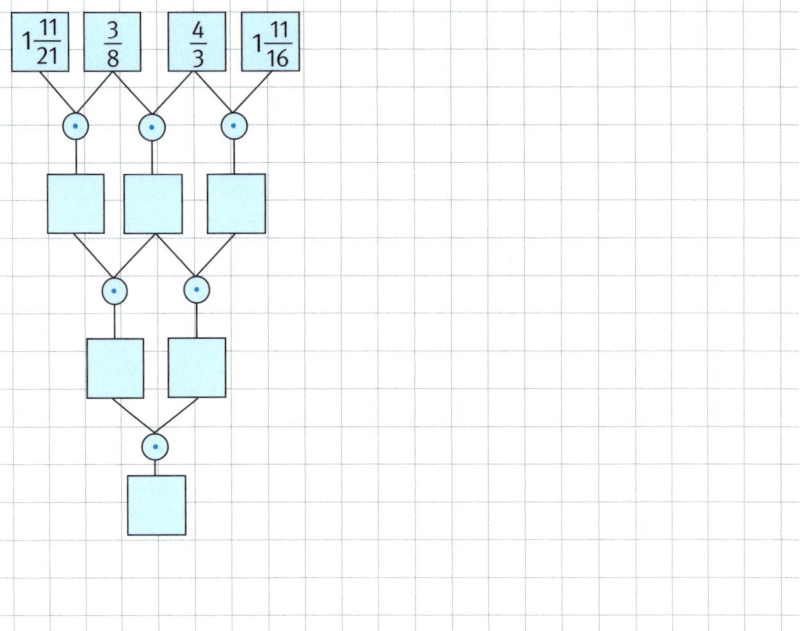

9 Was wurde bei den Aufgaben falsch gemacht? Erkenne und beschreibe den Fehler und löse die Aufgaben dann richtig in deinem Heft.

a) $3\frac{2}{5} \cdot 4\frac{1}{3} = 12\frac{2}{15}$

b) $2 \cdot 4\frac{1}{4} = 8\frac{1}{4}$

c) $5\frac{2}{3} \cdot \frac{1}{4} = 5\frac{2}{12} = 5\frac{1}{6}$

d) $4\frac{3}{5} \cdot 1\frac{2}{3} = 4\frac{2}{5}$

Bruch mal natürliche und gemischte Zahl

10 In verschiedenen Bereichen ist das Längenmaß **Zoll** üblich:
1 Zoll = 2,54 cm = $2\frac{54}{100}$ cm
Mit diesem Längenmaß wird der Durchmesser von Auto- und Fahrradfelgen angegeben. Ebenso werden

die Diagonalenlängen von Fernsehern und Monitoren mit der Einheit Zoll beschrieben. Der Durchmesser von Kupferrohren (Wasserleitung) wird ebenfalls in Zoll angezeigt.

a) Die Radkappen für ein Auto passen auf die Felgengröße 15 Zoll (manchmal auch geschrieben: 15"). Wie groß ist der Felgendurchmesser? Gib das Ergebnis als gemischte Zahl in cm an.

b) Ein LCD-Fernseher hat eine Bildschirmdiagonale von 45". Der Monitor deines Laptops misst in der Diagonalen 17". Wie groß sind die jeweiligen Diagonalenlängen in cm und als gemischte Zahl?

11 Der Schall legt im Wasser $1\frac{1}{2}$ km pro Sekunde zurück. Mit einem Echolot wird die Meerestiefe gemessen. Das Signal braucht vom Sender bis zum Empfänger 6 Sekunden. Wie groß ist der Abstand zum Meeresboden?

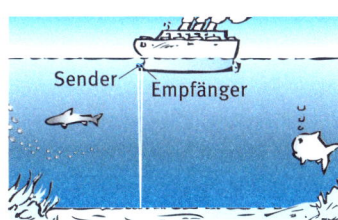

Multiplikation

Fehler-Check

1 Schreibe das Ergebnis als vollständig gekürzte gemischte Zahl.

a) $4 \cdot \frac{1}{8} =$

b) $\frac{3}{11} \cdot 5 =$

c) $\frac{3}{4} \cdot 2 =$

d) $7 \cdot \frac{3}{7} =$

2 Bei einem Gewitter legt der Schall des Donners ungefähr $\frac{1}{3}$ km pro Sekunde zurück. Die Zeit zwischen dem Blitz und dem Donner beträgt 7 Sekunden. Wie weit ist das Gewitter entfernt?

3 Gib das Ergebnis als gemischte Zahl in vollständig gekürzter Form an.

a) $5\frac{1}{2} \cdot \frac{1}{4} =$

b) $\frac{2}{3} \cdot 4\frac{1}{5} =$

c) $2\frac{1}{2} \cdot 6 =$

d) $8 \cdot 6\frac{3}{4} =$

e) $2\frac{1}{3} \cdot 4\frac{2}{5} =$

f) $6\frac{1}{4} \cdot 4\frac{2}{5} =$

4 Finde die fehlende Zahl.

a) $7 \cdot \underline{} = \frac{21}{25}$
b) $\underline{} \cdot 3 = 4$
c) $\underline{} \cdot \frac{1}{10} = 3$
d) $\frac{2}{7} \cdot \underline{} = \frac{12}{7}$

	Fehler	0 – 2 Fehler	3 – 5 Fehler	mehr als 5 Fehler
		Super!	In Ordnung!	Bitte noch einmal üben!

Division

Brüche durch Brüche dividieren

Dividiere. Kürze das Ergebnis wenn möglich.

a) $\dfrac{6}{10} : \dfrac{2}{10} = \dfrac{6:2}{10} = \dfrac{3}{10}$

b) $\dfrac{4}{11} : \dfrac{3}{5} = \dfrac{11}{4} \cdot \dfrac{3}{5} = \dfrac{33}{20}$ ‖

c) $\dfrac{6}{7} : \dfrac{3}{4} = \dfrac{6}{7} \cdot \dfrac{3}{4} = \dfrac{\cancel{6}^3 \cdot 3}{7 \cdot \cancel{4}_2} = \dfrac{9}{14}$

d) $\dfrac{2}{3} : \dfrac{9}{4} = \dfrac{3}{2} \cdot \dfrac{4}{9} = \dfrac{\cancel{3}^1 \cdot \cancel{4}^2}{\cancel{2}_1 \cdot \cancel{9}_3} = \dfrac{2}{3}$ ‖

Regeln

1. Du dividierst einen Bruch durch einen Bruch, indem du den ersten Bruch mit dem **Kehrwert** des zweiten Bruchs multiplizierst. (Beim Kehrwert werden Zähler und Nenner vertauscht.)

   Beispiel:

   $\dfrac{3}{8} : \dfrac{2}{5} = \dfrac{3}{8} \cdot \dfrac{5}{2} = \dfrac{3 \cdot 5}{8 \cdot 2} = \dfrac{15}{16}$; $\dfrac{2}{9} : \dfrac{1}{3} = \dfrac{2}{9} \cdot \dfrac{3}{1} = \dfrac{2 \cdot \cancel{3}^1}{\cancel{9}_3 \cdot 1} = \dfrac{2}{3}$

   ↑ Kehrwert von $\dfrac{2}{5}$

   Tipp: Vor dem Ausrechnen solltest du immer kürzen (falls möglich).

2. Ein **Doppelbruch** ist ein Bruch, dessen Zähler und/oder Nenner selbst Brüche sind. Löse erst den Doppelbruch auf, indem du den Bruchstrich durch ein Geteiltzeichen ersetzt $\left(\dfrac{1}{2} = 1 : 2\right)$.

   Beispiele:

   $\dfrac{\frac{3}{4}}{\frac{5}{6}} = \dfrac{3}{4} : \dfrac{5}{6} = \dfrac{3}{4} \cdot \dfrac{6}{5} = \dfrac{3 \cdot \cancel{6}^3}{\cancel{4}_2 \cdot 5} = \dfrac{9}{10}$

   $\dfrac{\frac{10}{21}}{5} = \dfrac{\frac{10}{21}}{\frac{5}{1}} = \dfrac{10}{21} : \dfrac{5}{1} = \dfrac{10}{21} \cdot \dfrac{1}{5} = \dfrac{\cancel{10}^2 \cdot 1}{21 \cdot \cancel{5}_1} = \dfrac{2}{21}$

   ↑ $5 = \dfrac{5}{1}$, Umwandlung einer natürlichen Zahl in einen unechten Bruch mit Zähler und Nenner.

4 Division

Übungen

1 Schreibe den Kehrwert in das Kästchen.

a) $\frac{2}{3} \rightarrow$ b) $\frac{4}{7} \rightarrow$ c) $\frac{1}{2} \rightarrow$ d) $\frac{5}{4} \rightarrow$

e) $3\frac{1}{3} \rightarrow$ f) $\frac{6}{1} \rightarrow$ g) $1 \rightarrow$ h) $50 \rightarrow$

2 Multipliziere die Brüche mit ihrem Kehrwert. Was fällt dir auf?

a) $\frac{3}{5} \cdot \underline{\quad} =$ b) $\frac{1}{8} \cdot \underline{\quad} =$

c) $7 \cdot \underline{\quad} =$ d) $\frac{9}{5} \cdot \underline{\quad} =$

3 Welche Aufgabe ist hier dargestellt? Berechne.

a) $\frac{3}{4} :$ 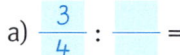 $=$

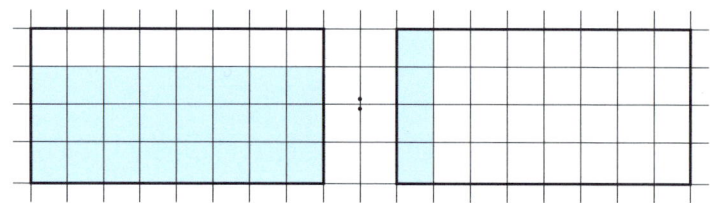

b) $\underline{\quad} : \underline{\quad} =$

Schätze bei dieser Aufgabe zuerst, wie oft der rechte hellblaue Streifen in das links markierte Feld hineinpasst.

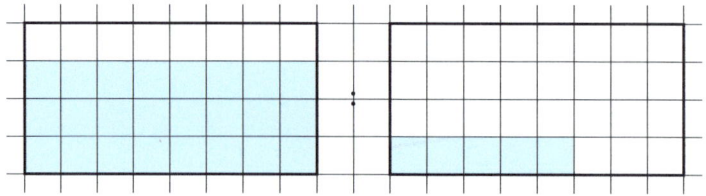

Brüche durch Brüche dividieren

4 Berechne. Kürze, falls möglich.

a) $\frac{2}{3} : \frac{4}{5} =$

b) $\frac{2}{7} : \frac{6}{11} =$

c) $\frac{8}{15} : \frac{3}{5} =$

d) $\frac{2}{9} : \frac{5}{6} =$

e) $\frac{6}{7} : \frac{11}{12} =$

f) $\frac{3}{5} : \frac{3}{10} =$

5 Ergänze die Divisions-Zahlenmauer. Kürze, falls möglich.

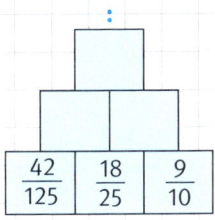

6 Diese Anteile an der Fläche Europas haben die nachfolgenden Länder:

Deutschland: $\frac{17}{500}$

Griechenland: $\frac{63}{5000}$

Österreich: $\frac{1}{125}$

Schweiz: $\frac{39}{10\,000}$

a) Wie oft passt Österreich in Deutschland hinein?
b) Stelle andere Flächenvergleiche zwischen diesen Ländern an.

4 Division

7 Finde die Fehler und verbessere die Aufgaben.

a) $\dfrac{5}{8} : \dfrac{3}{4} = \dfrac{8}{5} \cdot \dfrac{3}{4} = \dfrac{8 \cdot 3}{5 \cdot 4} = \dfrac{24}{20} = 1\dfrac{4}{20}$ **falsch**

b) $\dfrac{2}{7} : \dfrac{5}{6} = \dfrac{7}{2} \cdot \dfrac{6}{5} = \dfrac{7 \cdot \cancel{6}^{3}}{\cancel{2}_{1} \cdot 5} = \dfrac{21}{5} = 4\dfrac{1}{5}$ **falsch**

8 Gib die Ergebnisse als vollständig gekürzte gemischte Zahlen an.

a) $\dfrac{\frac{3}{5}}{\frac{3}{10}} =$

b) $\dfrac{\frac{2}{3}}{\frac{3}{4}} =$

c) $\dfrac{\frac{1}{2}}{\frac{3}{8}} =$

d) $\dfrac{\frac{5}{2}}{\frac{4}{1}} =$

9 Eine Flasche Traubensaft enthält $\frac{7}{10}$ l Saft.
Du sollst in jeden Becher $\frac{1}{8}$ l Saft füllen. Weil in die Becher jeweils $\frac{1}{5}$ l hineinpasst, füllst du den Rest mit Mineralwasser auf.
 a) Wie viele Becher kannst du mit Traubensaft füllen?
 b) Wie viele l Mineralwasser benötigst du zusätzlich?
 c) Wie viele Becher kannst du mit einem Kasten Traubensaft (12 Flaschen) füllen?
Rechne im Heft.

Brüche durch Brüche dividieren

Fehler-Check

1 Gib den Kehrwert an.

a) $\frac{1}{5} \rightarrow$　　　b) $7 \rightarrow$　　　c) $3\frac{1}{4} \rightarrow$

2 Schreibe das Ergebnis als vollständig gekürzte gemischte Zahl.

a) $\frac{6}{10} : \frac{2}{10} =$

b) $\frac{4}{11} : \frac{3}{5} =$

c) $\frac{6}{7} : \frac{3}{4} =$

d) $\frac{2}{3} : \frac{9}{4} =$

3 Eine Kanne fasst $\frac{9}{10}$ l Kaffee. Wie viele Kaffeetassen können damit gefüllt werden, wenn jede Tasse $\frac{4}{25}$ l Kaffee erhalten soll?

4 Berechne und ordne der Größe nach: $\dfrac{\frac{5}{10}}{\frac{3}{8}}$;　$\frac{7}{18} : \frac{1}{13}$;　$\frac{2}{9} : \frac{1}{4}$

	Fehler	0 – 2 Fehler	3 – 5 Fehler	mehr als 5 Fehler
		Super!	In Ordnung!	Bitte noch einmal üben!

4 Division

Division von Brüchen, natürlichen und gemischten Zahlen

Dividiere. Kürze – wenn möglich – vollständig und schreibe das Ergebnis als gemischte Zahl.

a) $\frac{3}{7} : 2 = \frac{3 \cdot 2}{7} = \frac{6}{7}$

b) $4 : \frac{4}{5} = \frac{4 : 4}{5} = \frac{1}{5}$

c) $3 : 7 = \frac{3}{3} \cdot \frac{7}{7} = \frac{3 \cdot 7}{3 \cdot 7} = 1$

d) $3\frac{1}{6} : 3 = 1\frac{1}{6}$

e) $6 : 3\frac{1}{2} = 2\frac{1}{2}$

Regeln

1. **Brüche und natürliche Zahlen dividieren:** Du musst vor der Division die natürliche Zahl als unechten Bruch schreiben.
   Danach geht es weiter wie bei „Bruch durch Bruch" (siehe Seite 35).

   z. B.: $\frac{3}{4} : 2 = \frac{3}{4} : \frac{2}{1} = \frac{3}{4} \cdot \frac{1}{2} = \frac{3 \cdot 1}{4 \cdot 2} = \frac{3}{8}$; $4 : \frac{2}{3} = \frac{4}{1} : \frac{2}{3} = \frac{4}{1} \cdot \frac{3}{2} = \frac{\cancel{4}^{2} \cdot 3}{1 \cdot \cancel{2}_{1}} = 6$

2. **Natürliche Zahlen dividieren:** Du kannst die Division sofort als Bruch schreiben.

   Beispiel: $4 : 7 = \frac{4}{7}$

3. **Brüche und gemischte Zahlen dividieren:** Auch hier musst du vor der Division die gemischte Zahl in einen unechten Bruch verwandeln. Dann wieder weiterrechnen wie bei „Bruch durch Bruch".

   z. B.: $7\frac{1}{3} : \frac{2}{9} = \frac{22}{3} \cdot \frac{9}{2} = \frac{\cancel{22}^{11} \cdot \cancel{9}^{3}}{\cancel{3}_{1} \cdot \cancel{2}_{1}} = 33$; $\frac{5}{8} : 2\frac{6}{7} = \frac{5}{8} : \frac{20}{7} = \frac{5}{8} \cdot \frac{7}{20} = \frac{\cancel{5}^{1} \cdot 7}{8 \cdot \cancel{20}_{4}} = \frac{7}{32}$

4. **Brüche, gemischte und natürliche Zahlen dividieren:** Alle vorkommenden Zahlen wandelst du vor der Division in unechte Brüche um. Danach wie bei Bruch durch Bruch.

   Beispiele: $8\frac{2}{5} : 7 = \frac{42}{5} : \frac{7}{1} = \frac{42}{5} \cdot \frac{1}{7} = \frac{\cancel{42}^{6} \cdot 1}{5 \cdot \cancel{7}_{1}} = \frac{6}{5} = 1\frac{1}{5}$

   $6\frac{4}{7} : 3\frac{1}{2} = \frac{46}{7} : \frac{7}{2} = \frac{46}{7} \cdot \frac{2}{7} = \frac{46 \cdot 2}{7 \cdot 7} = \frac{92}{49} = 1\frac{43}{49}$

Division von Brüchen, natürlichen und gemischten Zahlen

Übungen

1 Wie viele Flaschen Wein von $\frac{3}{4}$ l kann man aus einem Fass Wein mit 25 l Inhalt abfüllen?

2 Ein Brikett ist $\frac{2}{5}$ kg schwer.
Wie viele Briketts gehören zu einem Zentner (50 kg)?

3 Ein DIN-A4-Blatt hat die Dicke von $\frac{3}{250}$ cm.
a) Wie viele Blätter ergeben eine Höhe von 10 cm?
b) Wie hoch ist ein Päckchen mit 500 Blatt Papier?

4 Aus 100 l Milch gewinnt man durchschnittlich $3\frac{1}{2}$ kg Butter.
a) Wie viel l Milch benötigt man für 1 kg Butter?
b) Eine Kuh liefert im Jahr 2750 l Milch.
Wie viel kg Butter können damit hergestellt werden?

Division

5 In der Eifel führt ein Wanderweg von Ahrdorf über Ahhütte und Niederehe bis zur Burg Kerpen. Der Weg nach Ahhütte dauert zwei Stunden. Von dort benötigt man bis nach Niederehe $\frac{1}{3}$ und für das letzte Teilstück nach Kerpen noch $\frac{2}{9}$ der Gesamtzeit.
Wie lange dauert die Wanderung?

6 Ein rechteckiges Grundstück hat den Flächeninhalt 650 m² und eine Seite mit der Länge $16\frac{1}{4}$ m. Wie lang ist die andere Seite?

7 Schreibe das Ergebnis vollständig gekürzt als gemischte Zahl.

a) $\frac{2}{3} : 5 =$

b) $6 : \frac{9}{10} =$

c) $2\frac{3}{4} : 7 =$

d) $3 : 9\frac{1}{2} =$

e) $5\frac{1}{2} : 4\frac{5}{7} =$

f) $4\frac{2}{5} : 8\frac{3}{4} =$

Division von Brüchen, natürlichen und gemischten Zahlen

8 Ergänze den Rechenbaum und kürze, wenn möglich.

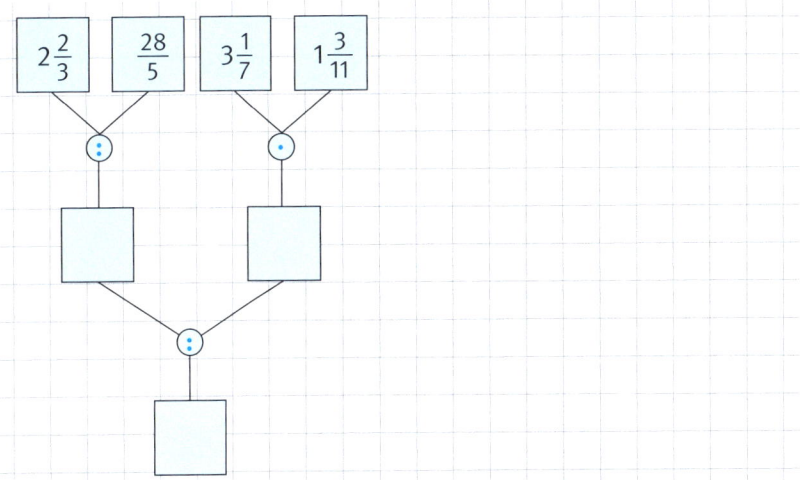

9 Du sollst mit zwei Töpfen genau sieben Liter in einen Eimer füllen. Die Töpfe fassen $\frac{3}{4}$ l und $\frac{2}{3}$ l. Ist das möglich?

4 Division

Fehler-Check

1. Schreibe das Ergebnis als gemischte Zahl. Kürze, wenn möglich.

   a) $\frac{3}{7} : 2 =$

   b) $4 : \frac{4}{5} =$

   c) $3 : 7 =$

   d) $6 : 3\frac{1}{2} =$

   e) $3\frac{1}{6} : 3 =$

   f) $5\frac{3}{7} : 1\frac{11}{21} =$

2. Der rechteckige Vorplatz eines Rathauses ist $50\frac{1}{2}$ m lang und $27\frac{3}{8}$ m breit. Er soll mit quadratischen Steinen von je $\frac{1}{4}$ m² ausgelegt werden. Wie viele Steine werden benötigt?

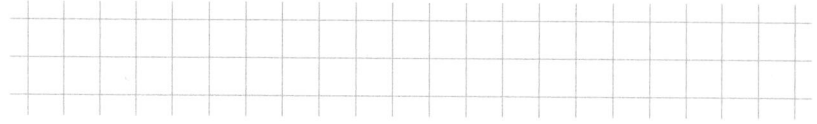

3. Ein afrikanischer Elefant wiegt ungefähr $4\frac{1}{2}$ t. Ein Klein-Pkw bringt $\frac{7}{8}$ t auf die Waage. Wie viel mal ist der Elefant schwerer als das Auto?

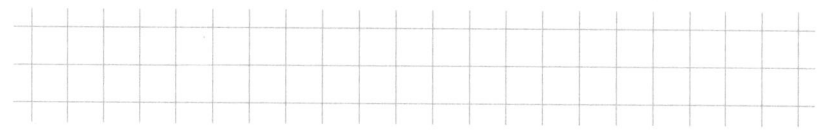

4. Dividiere im Heft $3\frac{1}{8}$ durch den Kehrwert von   a) $\frac{2}{5}$ b) $\frac{4}{25}$ c) $4\frac{1}{6}$.

Fehler	0 – 2 Fehler	3 – 5 Fehler	mehr als 5 Fehler
	Super!	In Ordnung!	Bitte noch einmal üben!

Rechenregeln beachten!

a) $\frac{2}{3} + \frac{1}{4} : \frac{3}{8} = \frac{8}{12} + \frac{3}{12} \cdot \frac{3}{8} = \frac{11 \cdot 3}{12 \cdot 8} = \frac{11}{12} \cdot \frac{\cancel{8}^2}{3} = \frac{22}{9} = 2\frac{4}{9}$

b) $\frac{5}{12} \cdot \left(\frac{8}{15} - \frac{2}{15}\right) = \frac{5 \cdot 8}{12 \cdot 15} - \frac{2}{15} = \frac{\cancel{40}^2}{\cancel{180}_9} - \frac{2}{15} = \frac{10}{45} - \frac{6}{45} = \frac{4}{45}$

c) $\frac{9}{4} \cdot \left[\frac{8}{9} - \left(\frac{1}{2} + \frac{1}{6}\right)\right] = \frac{9}{4} \cdot \left[\frac{16}{18} - \left(\frac{9}{18} + \frac{3}{18}\right)\right] = \frac{9}{4} \cdot \frac{10}{18} = \frac{\cancel{9}^1 \cdot \cancel{10}^5}{\cancel{4}_2 \cdot \cancel{18}_2} = \frac{5}{4} = 1\frac{1}{4}$

Regeln

Bei der Berechnung von Rechenausdrücken (Termen) mit Klammern und verschiedenen Rechenzeichen gelten folgende Regeln:

1. **Klammern werden zuerst berechnet.** Sind zwei Klammern geschachtelt, so wird die **innere Klammer zuerst** berechnet.

   Beispiele: $\left(\frac{1}{2} + \frac{1}{3}\right) \cdot \frac{1}{4} = \left(\frac{3}{6} + \frac{2}{6}\right) \cdot \frac{1}{4} = \frac{5}{6} \cdot \frac{1}{4} = \frac{5}{24}$

   $\left[\left(\frac{1}{3} - \frac{1}{4}\right) : \frac{4}{5}\right] \cdot \frac{3}{8} = \left[\left(\frac{4}{12} - \frac{3}{12}\right) : \frac{4}{5}\right] \cdot \frac{3}{8}$

   $= \left[\frac{1}{12} : \frac{4}{5}\right] \cdot \frac{3}{8} = \left[\frac{1}{12} \cdot \frac{5}{4}\right] \cdot \frac{3}{8} = \frac{5}{48} \cdot \frac{3}{8} = \frac{5 \cdot \cancel{3}^1}{\cancel{48}_{16} \cdot 8} = \frac{5}{128}$

2. Eine Punktrechnung (Multiplikation, Division) wird vor einer Strichrechnung (Addition, Subtraktion) ausgeführt: „**Punkt vor Strich**".

   Beispiel: $\frac{1}{2} + \frac{1}{3} \cdot \frac{1}{4} = \frac{1}{2} + \frac{1 \cdot 1}{3 \cdot 4} = \frac{1}{2} + \frac{1}{12} = \frac{6}{12} + \frac{1}{12} = \frac{7}{12}$

3. Wenn du Regel 1 und Regel 2 nicht beachten kannst, dann wird grundsätzlich **von links nach rechts** gerechnet.

   Beispiele: $\frac{1}{2} \cdot \frac{1}{3} \cdot \frac{3}{4} = \frac{1 \cdot 1}{2 \cdot 3} \cdot \frac{3}{4} = \frac{1}{6} \cdot \frac{3}{4} = \frac{1 \cdot \cancel{3}^1}{\cancel{6}_2 \cdot 4} = \frac{1}{8}$

   $\frac{2}{3} + \frac{1}{4} + \frac{3}{8} = \frac{16}{24} + \frac{6}{24} + \frac{9}{24} = \frac{31}{24} = 1\frac{7}{24}$

5 Rechenregeln beachten!

Übungen

1 Berechne die Klammern zuerst.

a) $\left(\frac{2}{4} + \frac{1}{8}\right) \cdot \frac{1}{5} =$

b) $\left(\frac{2}{3} + \frac{7}{21}\right) \cdot 3\frac{2}{11} =$

c) $2\frac{1}{2} \cdot \left(\frac{2}{5} + \frac{1}{10}\right) =$

d) $\left(\frac{1}{3} - \frac{1}{7}\right) : 1\frac{1}{7} =$

2 Für die Klassenfeier haben Mirco und Nihad Getränke eingekauft. 9 Flaschen Limonadenmix ergeben $6\frac{3}{4}$ l. Dazu kommen 6 Flaschen Orangensaft mit jeweils $\frac{7}{10}$ l. Zusätzlich haben sie noch 12 Dosen Zitronenlimonade mit dem Inhalt von $\frac{1}{3}$ l besorgt.

a) Wie viel Liter enthält eine Limonadenmixflasche?
b) Wie viel Liter haben die beiden insgesamt eingekauft?

3 Berechne im Heft. Beachte alle Rechenregeln.

a) $1\frac{1}{3} + \frac{5}{9} \cdot \frac{21}{10}$ b) $4\frac{1}{2} \cdot \left(\frac{2}{3} - \frac{1}{5}\right) : 2\frac{1}{3}$ c) $\frac{1}{4} + \frac{2}{5} \cdot \left(\frac{3}{5} + \frac{1}{4}\right)$

Rechenregeln beachten!

4. a) Wie groß ist der blaue Flächeninhalt in m²?
   b) Welcher Bruchteil des Quadrats ist weiß?

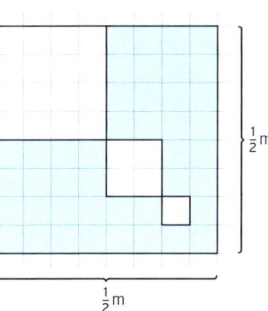

5. Verändere im Rechenausdruck $\frac{1}{8} \cdot \left(\frac{1}{2} - \frac{1}{3}\right) + \frac{1}{4}$ ein Rechenzeichen so, dass das Ergebnis 1 ist.

6. Berechne $\dfrac{\frac{1}{8} : \left(\frac{1}{32} + \frac{3}{4}\right)}{\left(\frac{1}{5} - \frac{2}{25}\right) \cdot \frac{1}{3}}$.

5 Rechenregeln beachten!

Fehler-Check

1 Berechne im Heft. Achte auf die Rechenregeln für Terme.

a) $\dfrac{2}{3} + \dfrac{1}{4} : \dfrac{3}{8}$ b) $\dfrac{5}{12} \cdot \left(\dfrac{8}{15} - \dfrac{2}{15}\right)$ c) $\dfrac{9}{4} \cdot \left[\dfrac{8}{9} - \left(\dfrac{1}{2} + \dfrac{1}{6}\right)\right]$ d) $\dfrac{1\frac{2}{3} + \frac{3}{8}}{\frac{1}{4}}$

2 Ein Winzer hat drei Weinsorten gekeltert. Er füllt sie in Flaschen mit dem Inhalt 1 l, $\frac{3}{4}$ l und $\frac{3}{8}$ l. Insgesamt verfüllt er 1500 l, davon 930 große Flaschen, 660 mittlere Flaschen und den Rest in die kleinen Flaschen. Wie viele kleine Flaschen kann er füllen?

3 Wie groß ist der Flächeninhalt des blau gefärbten Stücks in m²?

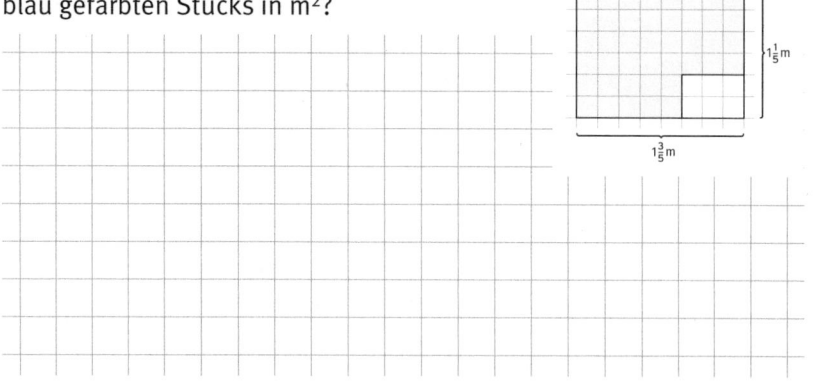

	Fehler	0 – 2 Fehler	3 – 5 Fehler	mehr als 5 Fehler
		Super!	In Ordnung!	Bitte noch einmal üben!

Brüche und Dezimalzahlen

Umwandlungen

1. Schreibe als Bruch.
   a) $0{,}34 = \dfrac{34}{10}$ b) $0{,}028 = \dfrac{28}{100}$ c) $5{,}07 = 5\dfrac{7}{10}$ d) $301 = \dfrac{31}{1}$ IIII

2. Wandle die Brüche in Dezimalzahlen um.
   a) $\dfrac{7}{10} = 0{,}07$ b) $\dfrac{9}{1000} = 0{,}0009$ N.R. zu d):
   c) $\dfrac{3}{5} = 3{,}5$ d) $\dfrac{2}{3} =$ geht nicht **f**

   $2 : 3 = 0{,}6\ldots$ geht nicht auf
   $\dfrac{-0}{20}$
   $\dfrac{18}{20}$

Regeln

1. Brüche mit dem Nenner 10, 100, 1000, ... sind **Dezimalbrüche**.
   Für sie gibt es eine dezimale Schreibweise mit Komma.
   Zahlen in dieser Schreibweise nennt man **Dezimalzahlen**.
   $\dfrac{1}{10} = 0{,}1;\ \dfrac{1}{100} = 0{,}01;\ \dfrac{1}{1000} = 0{,}001$ usw.
   Beispiele: $0{,}6 = \dfrac{6}{10};\ 0{,}07 = \dfrac{7}{100};\ 0{,}35 = \dfrac{3}{10} + \dfrac{5}{100} = \dfrac{30}{100} + \dfrac{5}{100} = \dfrac{35}{100}$
   Tipp: 0,35 liest man: null Komma drei fünf.

2. Viele Brüche kannst du so erweitern, dass im Nenner eine 10, 100, 1000, ... steht.
   Beispiele: $\dfrac{2}{5} = \dfrac{4}{10} = 0{,}4;\ \dfrac{3}{4} = \dfrac{75}{100} = 0{,}75$

3. Dezimalzahlen kannst du in einer **Stellenwerttafel** eintragen. Dazu erweiterst du diese nach rechts. An erster Stelle nach dem Komma stehen die Zehntel, dann die Hundertstel ...

Brüche und Dezimalzahlen

Beispiele: 3,245

H	Z	E	$\frac{1}{10}$	$\frac{1}{100}$	$\frac{1}{1000}$
		3	2	4	5

0,308

H	Z	E	$\frac{1}{10}$	$\frac{1}{100}$	$\frac{1}{1000}$
		0	3	0	8

4. Du kannst jeden **Bruch in eine Dezimalzahl umwandeln,** indem du den Zähler durch den Nenner dividierst. Dabei erhältst du entweder
   a) eine **endliche** Dezimalzahl wie z. B. $\frac{1}{5} = 1:5 = 0,2$.
   b) eine **reinperiodische** Dezimalzahl wie z. B.
      $\frac{3}{11} = 3:11 = 0,2727... = 0,\overline{27}$ (null Komma Periode zwei-sieben).
   c) oder eine **gemischtperiodische** Dezimalzahl wie z. B.
      $\frac{5}{6} = 5:6 = 0,8333... = 0,8\overline{3}$ (null Komma acht Periode drei).

5. Willst du eine **Dezimalzahl in einen Bruch umwandeln,** trägst du sie am besten zuerst in eine Stellenwerttafel ein. Streiche dann alle Nullen am Anfang und am Ende der Zahlenfolge. Die restlichen Ziffern schreibst du in den Zähler. Der Nenner ist der Stellenwert der letzten verbleibenden Ziffer. Kürze am Ende den Bruch, wenn es möglich ist.

Beispiele: 0,250 $= \frac{25}{100} = \frac{1}{4}$

E	$\frac{1}{10}$	$\frac{1}{100}$	$\frac{1}{1000}$
	2	5	

2,006 $= \frac{2006}{1000} = \frac{1003}{500} = 2\frac{3}{500}$

E	$\frac{1}{10}$	$\frac{1}{100}$	$\frac{1}{1000}$
2	0	0	6

Umwandlungen

Übungen

1 Notiere die Dezimalzahlen in der Stellenwerttafel und schreibe sie dann als Brüche. Gib die Ergebnisse als gemischte Zahl an und kürze, wenn möglich.

Z	E	$\frac{1}{10}$	$\frac{1}{100}$	$\frac{1}{1000}$

a) 0,04 =

b) 1,2 =

c) 2,090 =

d) 0,803 =

e) 4,035 =

2 Schreibe gleich als Bruch. Kürze, falls möglich.

a) 0,84 =   b) 2,6 =

c) 0,420 =   d) 2,020 =

e) 5,5 =   f) 0,048 =

3 Ordne den Bällen die richtigen Gewichte zu:

4 Schreibe unter die Brüche die entsprechenden Dezimalzahlen.

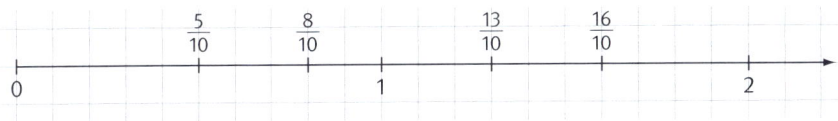

Brüche und Dezimalzahlen

5 Erweitere erst auf den Nenner 10, 100, 1000, ... und notiere den Bruch dann in dezimaler Schreibweise.

a) $\frac{7}{25} =$

b) $\frac{11}{20} =$

c) $\frac{6}{125} =$

d) $\frac{19}{40} =$

6 Schreibe als Dezimalzahl. Kürze zuerst. Erweitere dann auf den Nenner 10, 100, 1000, ...

a) $\frac{9}{12} =$

b) $\frac{45}{150} =$

c) $\frac{24}{60} =$

d) $\frac{55}{220} =$

Tipp Bei Größen bedeutet der Vorsatz Kilo „Tausend".
1 Kilometer = 1000 Meter.
Solche Vorsätze gibt es auch für „Hundertstel", „Tausendstel" ...

Vorsilbe	Bedeutung	Faktor
Giga	Milliarde	1 000 000 000
Mega	Million	1 000 000
Kilo	Tausend	1000
Hekto	Hundert	100
Deka	Zehn	10
Dezi	Zehntel	$\frac{1}{10}$
Zenti	Hundertstel	$\frac{1}{100}$
Milli	Tausendstel	$\frac{1}{1000}$
Mikro	Millionstel	$\frac{1}{1000000}$
Nano	Milliardstel	$\frac{1}{1000000000}$

750 MB

1 Hektoliter

Köln 21 km

70 Mikrometer

Umwandlungen

7 Schreibe als Dezimalzahl.
   a) ein Millimeter: _____ Meter
   b) ein Hektoliter: _____ Liter
   c) ein Mikrometer: _____ Meter
   d) eine Megatonne: _____ Tonnen

8 Wandle den Bruch durch Division in eine Dezimalzahl um.
   a) $\frac{1}{2}=$ _____
   b) $\frac{1}{3}=$ _____
   c) $\frac{2}{3}=$ _____
   d) $\frac{1}{4}=$ _____
   e) $\frac{3}{4}=$ _____
   f) $\frac{1}{5}=$ _____
   g) $\frac{3}{5}=$ _____
   h) $\frac{1}{6}=$ _____
   i) $\frac{1}{8}=$ _____
   j) $\frac{1}{10}=$ _____

Tipp | Die Dezimalzahlumwandlungen der Brüche aus Aufgabe 8 solltest du auswendig können.

9 Wandle die Brüche durch Division in Dezimalzahlen um. Achte auf die Periode und kennzeichne sie.
   a) $\frac{7}{3}$
   b) $\frac{5}{9}$
   c) $\frac{7}{90}$

6 Brüche und Dezimalzahlen

d) $\frac{5}{11}$

e) $\frac{3}{7}$

Tipp | Brüche mit dem Nenner 100 können als **Prozentzahl** geschrieben werden. Das Zeichen für Prozent ist %.
Beispiele: $1\% = \frac{1}{100}$ $\qquad$ $20\% = \frac{20}{100} = \frac{1}{5} = 0{,}2$

Prozentzahl   Hunderterbruch $\qquad\qquad$ Bruch   Dezimalzahl

Bemerkung: Anteile werden häufig mit Prozentzahlen dargestellt. Du kannst sie dann schneller vergleichen, z. B.: $37{,}5\% < 38\%$.
Nicht so schnell siehst du aber: $\frac{3}{8} < \frac{19}{50}$.

10 Schreibe als Prozentzahl.

a) $\frac{30}{100} =$

b) $0{,}65 =$

c) $\frac{10}{100} =$

d) $1{,}05 =$

Umwandlungen

11 Schreibe zunächst als Hunderterbruch, dann als Dezimalzahl.

a) 40 % =

b) 3 % =

c) 19 % =

d) 150 % =

12 Wie viel Prozent sind in den Bildern jeweils blau gefärbt?
Ordne die richtigen Prozentzahlen zu.

| 34 % | 50 % | 35 % | 40 % | 44 % | 25 % | 33,$\overline{3}$ % |

a)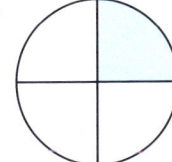
b)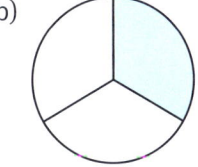
c)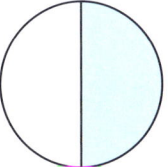

d) (Prozentblatt)   e) (Prozentblatt)

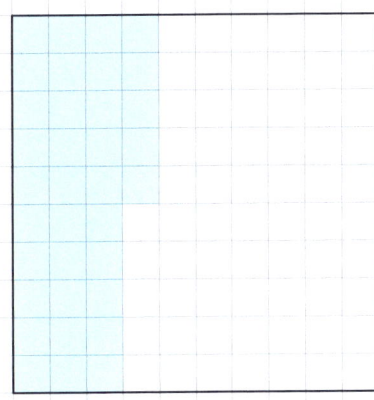 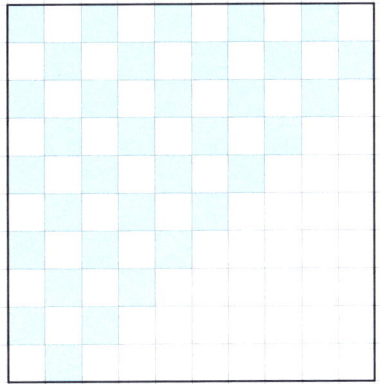

f) (Prozentstreifen)

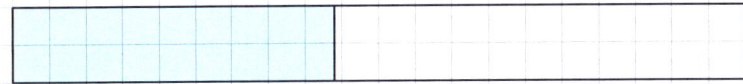

Brüche und Dezimalzahlen

13 Zeichne zu jeder Aufgabe ein Prozentblatt in das Karofeld ein.
Färbe dann:
a) 55% hellblau, 30% grau
b) 35% hellblau, 40% grau, 12% dunkelblau
Wie viel Prozent bleiben jeweils ungefärbt?

a) ungefärbt   b) ungefärbt

14 Ergänze die Zahlen in den Quadraten so, wie es im Musterquadrat rechts vorgegeben ist.

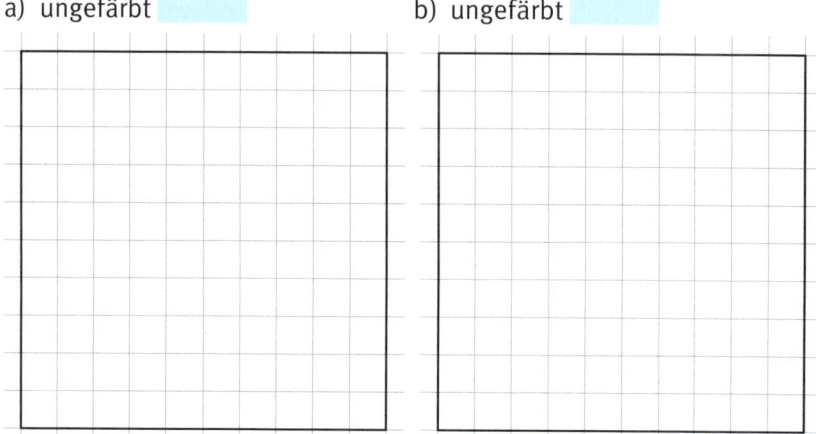

a) $\frac{45}{100}$

b) 0,6

c) 80%

d) $\frac{3}{20}$

Umwandlungen

15 Wenn du weiter üben willst, kannst du dir dazu ein Spiel herstellen. Übertrage das Bild unten auf Karopapier. Schneide dann die Quadrate entlang der Linien aus. Die Zahlen auf deinen Quadraten passen noch nicht zusammen. Du musst sie wie im Beispiel richtig zuordnen.

Beispiel:

$\frac{3}{10}$	17%	
0,85	$\frac{60}{100}$	0,6
	60%	$\frac{3}{5}$

$\frac{1}{2}$	25%	$\frac{7}{20}$	20%	$\frac{1}{100}$	5%
0,2	$\frac{10}{100}$	0,4	$\frac{75}{100}$	1,5	$\frac{50}{100}$
$\frac{2}{5}$	75%	$\frac{1}{4}$	150%	1	40%
0,01	$\frac{5}{100}$	0,1	$\frac{35}{100}$	0,02	$\frac{1}{100}$
$\frac{3}{4}$	100%	$\frac{1}{20}$	2%	$\frac{1}{5}$	10%
0,05	$\frac{2}{100}$	0,5	$\frac{25}{100}$	0,75	$\frac{100}{100}$
$\frac{1}{50}$	1%	$\frac{1}{10}$	35%	$1\frac{1}{2}$	50%
0,25	$\frac{150}{100}$	1	$\frac{40}{100}$	0,35	$\frac{20}{100}$

Brüche und Dezimalzahlen

Fehler-Check

1 Schreibe als vollständig gekürzten Bruch und als gemischte Zahl.

a) $0{,}34 = \dfrac{34}{100} = \dfrac{17}{50}$

b) $0{,}028 = \dfrac{28}{1000} = \dfrac{14}{500} = \dfrac{7}{250}$

c) $5{,}07 =$

d) $3{,}1 =$

e) $4{,}030 =$

f) $1{,}0050 =$

2 Wandle die Brüche in Dezimalzahlen um.

a) $\dfrac{7}{10} =$

b) $\dfrac{9}{1000} =$

c) $\dfrac{3}{5} =$

d) $\dfrac{2}{3} =$

e) $\dfrac{1}{12} =$

f) $\dfrac{3}{8} =$

g) $\dfrac{27}{36} =$

h) $1\dfrac{1}{5} =$

3 Gib den gefärbten Anteil des Prozentblatts als Prozentzahl, Hunderterbruch, Dezimalzahl und vollständig gekürzten Bruch an.

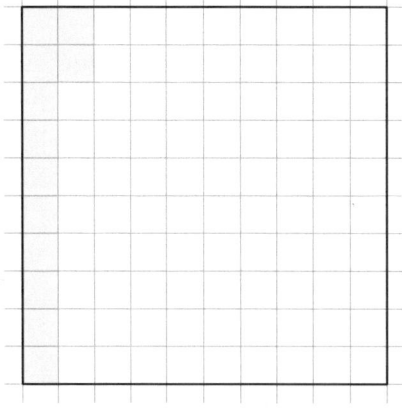

Gefärbter Anteil des Prozentblatts:

Fehler	0 – 1 Fehler	2 Fehler	mehr als 2 Fehler
	Super!	In Ordnung!	Bitte noch einmal üben!

Runden und Vergleichen

1. Runde die Dezimalzahlen auf Hundertstel.
   a) 1,695 ≈ <u>1,69</u>
   b) 3,5647 ≈ <u>3,565</u> ≈ <u>3,57</u> f ||
   c) 2,997 ≈ <u>2,90</u>   **Nicht hintereinander runden!** |

2. Vergleiche die Dezimalzahlen und setze das richtige Zeichen <, = > oder ein.
   a) 0,47 <u><</u> 0,125
   b) 0,2 <u><</u> 0,06 ||
   c) 0,3 <u><</u> 0,30
   d) 2,79 <u><</u> 1,451 ||

   f =

3. Kreuze die größte Zahl an.
   1,35 ☐   1,4 ☐   1,178 <u>☒</u>   1,27 ☐ |
   Das ist die kleinste Zahl!

Regeln

1. Dezimalzahlen kannst du nach denselben Regeln runden wie natürliche Zahlen. Die Rundungsstelle kann jede Stelle der Zahl sein.
   Abrunden: Die Rundungsstelle wird beibehalten, wenn die nächstkleinere Stelle eine **0, 1, 2, 3** oder **4** ist.
   Aufrunden: Dei Rundungsstelle wird um 1 erhöht, wenn die nächstkleinere Stelle eine **5, 6, 7, 8** oder **9** ist.
   Ist die Rundungsstelle eine 9, wird **beim Aufrunden** aus der 9 eine 0 und die **nächsthöhere Stelle** wird **um 1 erhöht**.
   Das Zeichen ≈ wird gelesen: ist ungefähr gleich.
   Beispiele: Rundungsstelle (E):   3,4718 ≈ 3
   Rundungsstelle $\left(\frac{1}{10}\right)$:   3,4718 ≈ 3,5
   Rundungsstelle $\left(\frac{1}{100}\right)$:   3,4718 ≈ 3,47
   Rundungsstelle $\left(\frac{1}{1000}\right)$: 3,4718 ≈ 3,472

Brüche und Dezimalzahlen

2. Zahlen werden häufig gerundet, weil sie dann überschaubarer werden. Eine Anwendung des Rundens ist der **Überschlag**. Dabei sollen die Zahlen so gerundet werden, dass der Überschlag auch mit dem kleinen Einmaleins im Kopf gerechnet werden kann. So lassen sich auch komplizierte Rechnungen kontrollieren.
Beispiel: Aufgabe: $1{,}1 \cdot 1{,}95 =$
Überschlag: $1 \cdot 2 = 2$
Rechnung: $1{,}1 \cdot 1{,}95 = 2{,}145$

3. Dezimalzahlen lassen sich mit zwei Hilfsmitteln **vergleichen**:
a) am Zahlenstrahl,
b) mit der Stellenwerttafel.
Ob 0,21 größer oder kleiner als 0,12 ist, kannst du leicht am Zahlenstrahl erkennen: Die größere Zahl ist weiter rechts angeordnet.

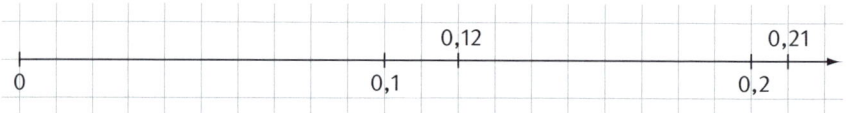

$0{,}12 < 0{,}21$

Trägst du die zu vergleichenden Dezimalzahlen in eine Stellenwerttafel ein, kannst du sie auch gut vergleichen.
Du musst die einzelnen Ziffern von links nach rechts vergleichen. Der erste Unterschied zeigt dir die größere Dezimalzahl an.

E	$\frac{1}{10}$	$\frac{1}{100}$	$\frac{1}{1000}$
5	2	7	3
5	2	6	9

↑
1. Unterschied

$5{,}273 > 5{,}269$

Runden und Vergleichen

Übungen

1 a) Runde auf Zehntel. b) Runde auf Hundertstel. c) Runde auf Einer.

    2,674 ≈   3,052 ≈   5,499 ≈

    0,328 ≈   0,407 ≈   0,803 ≈

2 Du hast eine Zahl auf Zehntel gerundet und 4,5 erhalten. Markiere auf dem Zahlenstrahl unten, aus welchem Bereich die ursprüngliche Zahl stammen kann.

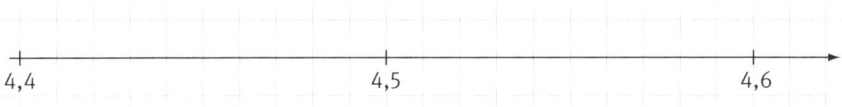

Die ursprüngliche Zahl ist mindestens   und kleiner als   .

3 In deinem Geldbeutel sind noch 20 Euro. Kannst du alle rechts abgerechneten Produkte bezahlen? Bilde einen Überschlag.

DEZIMAL-MARKT

  1,99 €
  3,09 €
  0,89 €
12,69 €
  2,75 €

4 Eure Schullektüre kostet 7,95 €. Ihr müsst 26 Exemplare in der naheliegenden Buchhandlung einkaufen. Wie viel Euro solltet ihr mindestens mitnehmen? Benutze den Überschlag.

6 Brüche und Dezimalzahlen

5 Markiere die Dezimalzahlen am Zahlenstrahl.
Setze dann das richtige Zeichen: <, >, =.

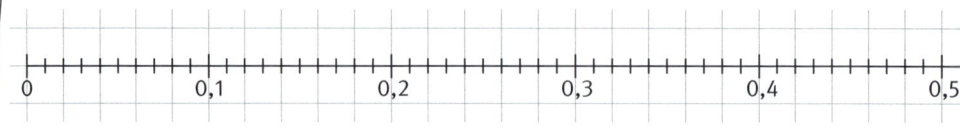

a) 0,17 ▢ 0,5   b) 0,24 ▢ 0,42   c) 0,10 ▢ 0,1
d) 0,03 ▢ 0,3   e) 0,33 ▢ 0,04   f) 0,2 ▢ 0,19

6 Schreibe die Dezimalzahlen in die Stellenwerttafel und vergleiche dann. Setze anschließend das richtige Zeichen: <, >, =.

	E	$\frac{1}{10}$	$\frac{1}{100}$	$\frac{1}{1000}$				E	$\frac{1}{10}$	$\frac{1}{100}$	$\frac{1}{1000}$
a)					1,007	▢	1,01				
b)					0,34	▢	0,3				
c)					0,4	▢	0,27				
d)					2,01	▢	1,88				
e)					0,78	▢	0,780				

7 Vergleiche die Dezimalzahlen ohne Stellenwerttafel.
Untersuche die Ziffern von links nach rechts.
Ordne dann von der größten zur kleinsten Dezimalzahl.

a) 0,3; 0,5; 0,045; 0,06

b) 2,97; 2,89; 3,1; 1,99; 3

c) 1,495; 1,5; 1,07; 1,199; 0,99

8 Ordne der Größe nach.

a) 1,5; 15 %; $\frac{1}{5}$; $1\frac{1}{5}$; 0,015; $\frac{1}{15}$

▢ > ▢ > ▢ > ▢ > ▢ > ▢

b) 30 %; 3; $\frac{1}{3}$; 0,03; $1\frac{1}{3}$; $\frac{1}{30}$

▢ > ▢ > ▢ > ▢ > ▢ > ▢

Runden und Vergleichen

9 Welche Zahlen sind falsch eingetragen?

a)
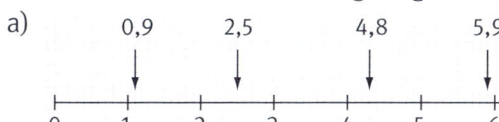

Falsche Zahlen:

b)
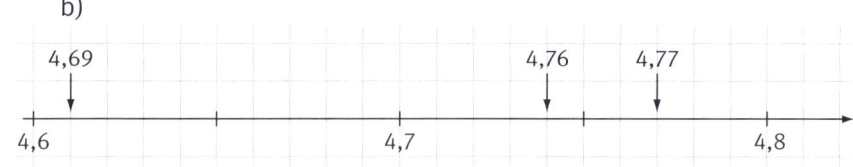

Falsche Zahlen:

10 Trage auf dem Diagramm folgende Brüche (rechts) und Prozentzahlen (links) richtig ein:

$\frac{1}{4}; \frac{1}{5}; \frac{1}{10}; \frac{3}{4}; \frac{1}{20}; \frac{1}{3};$
5 %; 25 %; 30 %; 50 %

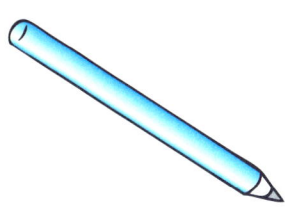
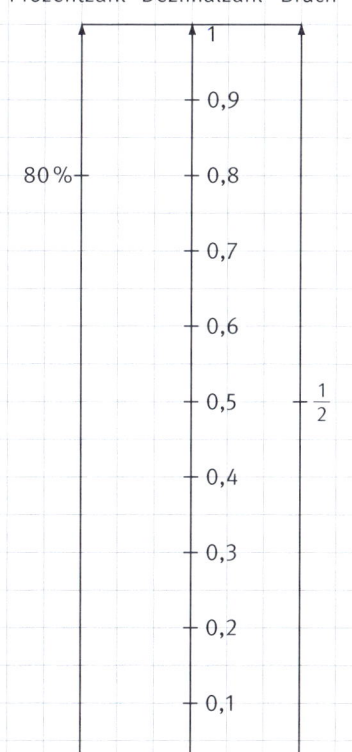

Brüche und Dezimalzahlen

Fehler-Check

1 Runde die Dezimalzahlen auf Hundertstel.
 a) 1,695 ≈
 b) 3,5647 ≈
 c) 2,997 ≈
 d) 1,185 ≈

2 Vergleiche die Dezimalzahlen und setze das richtige Zeichen <, = oder > ein.
 a) 0,47   0,125
 b) 0,2   0,06
 c) 0,3   0,30
 d) 2,79   1,451
 e) 1,05   1,1
 f) 1,3   1,03

3 Kreuze die größte Zahl an.
 1,35 ☐   1,4 ☐   1,178 ☐   1,27 ☐

4 Wandle in eine Prozentzahl um.
 a) $\frac{3}{50} =$
 b) $\frac{3}{12} =$
 c) $\frac{9}{20} =$
 d) $\frac{35}{500} =$

5 Ordne auf dem Zahlenstrahl richtig an.
 40 %; $\frac{11}{20}$; 0,65; $\frac{15}{100}$

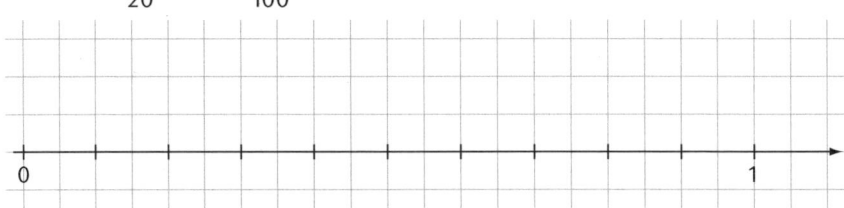

Fehler	0 – 1 Fehler	2 Fehler	mehr als 2 Fehler
	Super!	In Ordnung!	Bitte noch einmal üben!

Addition und Subtraktion von Dezimalzahlen 7

Addition

1. Addiere die Dezimalzahlen.
a) 4,7 + 3,8 = 7,15   b) 5,2 + 2,6 = 7,8 ✓   c) 5,38 + 1,2 = 6,40   III
d) 0,1 + 5 = 6   e) 0,34 + 8 = 0,42   **Stellenwerte beachten!**   II

2. Drei Bücherregale stehen nebeneinander. Sie haben die Breiten 0,90 m; 0,80 m und 0,60 m.
Wie groß ist die Gesamtbreite der Regale?
0,90 + 0,80 + 0,60 = 0,230 m   **falsch (Stellenwerte)**   I

Regeln

1. Dezimalzahlen kannst du wie natürliche Zahlen in einer Stellenwerttafel **addieren**.
   – Achte darauf, dass **immer Komma unter Komma** steht.
   – Fülle die Stellenwerttafel mit **fehlenden Endnullen** auf.
   – Vergiss nicht, das **Komma im Ergebnis** zu setzen.

   Beispiel: 3,41 + 5,2 + 0,768 = 9,378

	Z	E	$\frac{1}{10}$	$\frac{1}{100}$	$\frac{1}{1000}$
		3	4	1	0
		5	2	0	0
+		0	7	6	8
			1		
		9	3	7	8

   ```
       3, 4 1 0
       5, 2 0 0
     + 0, 7 6 8
          1
       9, 3 7 8
   ```

2. Wenn du sicher bist, dann darfst du sofort stellengerecht untereinanderschreiben und addieren.

   Beispiel: 23,4 + 28,65 + 27,9 = 79,95

   ```
       2 3, 4              2 3, 4 0
       2 8, 6 5    →       2 8, 6 5
     + 2 7, 9            + 2 7, 9 0
                             1 1
                           7 9, 9 5
   ```

7 Addition und Subtraktion von Dezimalzahlen

Übungen

1 Rechne im Kopf.

a) 1,3 + 0,7 =   b) 4,7 + 1,7 =   c) 2,5 + 1,5 =

d) 1,6 + 0,5 =   e) 6,2 + 2,6 =   f) 9,3 + 1,8 =

2 Übertrage die Dezimalzahlen in die Stellenwerttafel und addiere dann.

a) 7,54 + 1,085 + 2,3   b) 0,05 + 0,308 + 0,7

c) 2,54 + 3,82 + 1,237

a) Z	E	$\frac{1}{10}$	$\frac{1}{100}$	$\frac{1}{1000}$		b) Z	E	$\frac{1}{10}$	$\frac{1}{100}$	$\frac{1}{1000}$		c) Z	E	$\frac{1}{10}$	$\frac{1}{100}$	$\frac{1}{1000}$

3 Addiere die Dezimalzahlen.

```
a)   3, 2 3 0         b)  1 5, 4 5 5        c)       0, 8 0 3
     0, 4 0 0                 9, 3 4 6              2 6, 0 5 9
  +  1, 8 2 0              +  1, 6 0 0              1 0, 6 0 0
  ─────────────          ─────────────         +        8, 2 6 4
                                                ───────────────
```

4 Schreibe stellengerecht untereinander und addiere dann.

a) 13,5 + 3,94 + 0,52   b) 11,859 + 2,43 + 9,34

c) 0,4 + 2,06 + 12,057 + 3,58

Addition

5 Addiere. Sortiere dann vom Größten zum Kleinsten.

4,1 + 1,8	A		1,8 + 1,8	R		1,4 + 3,7	D		3,5 + 2,3	N
0,5 + 4,2	A		1,2 + 2,7	Ä		4,8 + 1,5	P		2,6 + 1,6	B

6 Ergänze die Additions-Zahlenmauer.

a)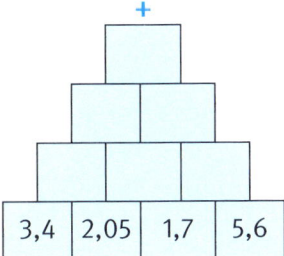

| 3,4 | 2,05 | 1,7 | 5,6 |

b)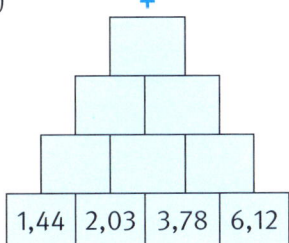

| 1,44 | 2,03 | 3,78 | 6,12 |

7 Ein fahrbarer Drehkran hat mehrere Gewichte,
die Last: 2 t
der Ausleger: 0,8 t
das Fahrgestell: 2,7 t
die Grundplatte: 1,2 t
das Maschinenhaus: 6 t
Berechne das Gesamtgewicht des Krans in Tonnen.

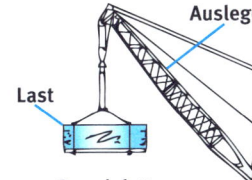

Addition und Subtraktion von Dezimalzahlen

8 Im Jahr 2008 wurden weltweit beim Anbau von Getreide folgende Mengen erzeugt (alle Angaben in Millionen t).

Mais	Weizen	Reis	Gerste	Hirse	Hafer	Roggen
822,712	689,946	685,013	157,645	101,185	25,785	17,751

a) Berechne die Gesamtmenge der Getreideernte 2008.

b) Runde die 7 Getreidemengen auf 1 Million t. Vergleiche die Maismenge mit der Summe der Mengen von Reis, Hirse, Hafer und Roggen.

9 Die Weltbevölkerung hat sich seit dem 20. Jahrhundert stark verändert. In der Tabelle rechts sind die Daten von 1900 bis 2015 in Milliarden (Mrd.) angegeben.

a) Berechne die fehlenden Daten der Bevölkerung von 1960 bis 2015.

Zeit	Bevölkerung (in Mrd.)	Zunahme (in Mrd.)
1900	1,6	0,919
1950	2,519	0,502
1960		0,675
1970		0,739
1980		0,829
1990		0,807
2000		0,389
2005		0,74
2015 (Schätzung)		–

Addition

b) Runde die Zahlen der Weltbevölkerung von 1900 bis 2015 auf 100 Millionen (also auf die erste Stelle nach dem Komma).

c) Trage die gerundeten Bevölkerungszahlen von 1960 bis 1990 in das Säulendiagramm mit dem Maßstab 1 Mrd. Einwohner ≙ 1 cm ein.

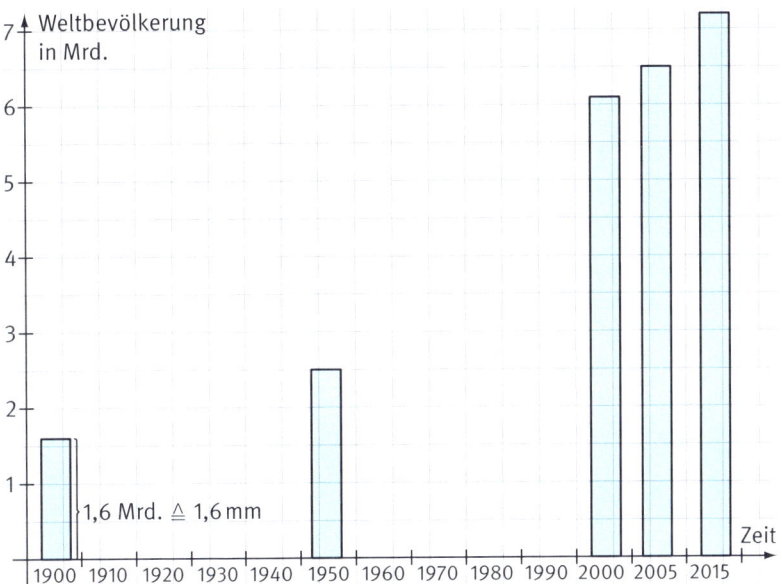

Addition und Subtraktion von Dezimalzahlen

10 In der Tabelle rechts kannst du ablesen, wie groß und schwer die bei uns gültigen Münzen sind.
  a) Wie schwer sind alle Münzen zusammen?
  b) Wenn du alle Münzen in eine Reihe hintereinanderlegst, wie lang ist die Reihe dann?

Münze	Durchmesser	Masse
1 Cent	16,25 mm	2,3 g
2 Cent	18,75 mm	3,0 g
5 Cent	21,25 mm	3,9 g
10 Cent	19,75 mm	4,1 g
20 Cent	22,25 mm	5,7 g
50 Cent	24,25 mm	7,0 g
1 Euro	23,25 mm	7,5 g
2 Euro	25,75 mm	8,5 g

11 Welche Fehler wurden in den folgenden Aufgaben gemacht? Erkenne und beschreibe die Fehler und berichtige die Aufgaben.

a)
```
    2 1, 4 7
    2 7, 4
+     0, 6 2
        1
  ─────────
    4 9, 4 9
```

b)
```
    0, 6
    0, 3
+   0, 5
  ─────────
    0, 1 4
```

c)
```
    5, 2 1
    4, 3 7
+   1, 5 2
  ─────────
  1 0, 0 0
```

Addition

Fehler-Check

1 Addiere die Dezimalzahlen im Kopf.

a) 4,7 + 3,8 =   b) 5,2 + 2,6 =   c) 5,38 + 1,2 =

d) 0,1 + 5 =   e) 0,34 + 8 =   f) 1,9 + 0,23 =

2 Schreibe stellengerecht untereinander und addiere dann.

a) 27,02 + 3,9 + 2,79   b) 15,775 + 2,95 + 0,524

c) 156,32 + 7,435 + 31,87   d) 22,44 + 33,55 + 55,11

3 Das Firmengelände von Dezi-Zenti soll neu eingezäunt werden. Berechne, wie viele Kilometer Zaun dafür benötigt werden.

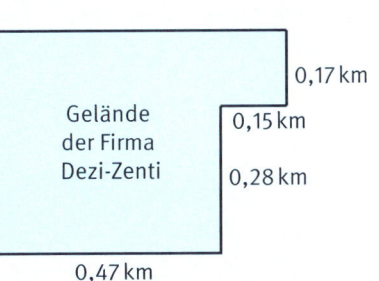

	Fehler	0 – 2 Fehler	3 – 5 Fehler	mehr als 5 Fehler
		Super!	In Ordnung!	Bitte noch einmal üben!

7. Addition und Subtraktion von Dezimalzahlen

Subtraktion

Schreibe stellengerecht untereinander und berechne dann.

a) 6,05 − 2,3   b) 0,78 − 0,2   c) 3 − 0,47   d) 36 − 12,45

```
   6, 0 5            = 0,76           3              3 6
 − 2, 3                             − 0, 4 7       − 1 2, 4 5
 ─────           untereinander-     ─────────      ──────────
   4, 2           schreiben!             1           2 4, 4 5
                                    f  3, 5 3
```

Regeln

1. Dezimalzahlen kannst du auch wie natürliche Zahlen in einer Stellenwerttafel **subtrahieren**.
   – Achte darauf, dass **immer Komma unter Komma** steht.
   – Fülle die Stellenwerttafel mit **fehlenden Endnullen** auf.
   – Vergiss nicht, das **Komma im Ergebnis** zu setzen.

   Beispiel: 5,21 − 1,283 − 0,6 = 3,327

Z	E	1/10	1/100	1/1000
	5	2	1	0
−	1	2	8	3
−	0	6	0	0
		1	1	1
	3	3	2	7

   ```
     5, 2 1 0
   − 1, 2 8 3
   − 0, 6 0 0
       1 1 1
   ─────────
     3, 3 2 7
   ```

2. Wenn du sicher bist, darfst du sofort stellengerecht untereinanderschreiben und subtrahieren.

   Beispiel: 75,1 − 27,05 − 16,67 = 31,38

   ```
     7 5, 1 0
   − 2 7, 0 5
   − 1 6, 6 7
       1 1 2
   ─────────
     3 1, 3 8
   ```

Subtraktion

Übungen

1 Rechne im Kopf.
   a) 1,8 − 0,6 =
   b) 5,4 − 3,1 =
   c) 2,5 − 1,5 =
   d) 8,4 − 4,3 =
   e) 6,2 − 4,7 =
   f) 7,0 − 3,7 =

2 Übertrage die Dezimalzahlen in die Stellenwerttafel und subtrahiere dann.
   a) 8,52 − 2,026 − 1,4
   b) 0,94 − 0,189 − 0,6
   c) 2,69 − 1,015 − 0,444

a) Z	E	$\frac{1}{10}$	$\frac{1}{100}$	$\frac{1}{1000}$

b) Z	E	$\frac{1}{10}$	$\frac{1}{100}$	$\frac{1}{1000}$

c) Z	E	$\frac{1}{10}$	$\frac{1}{100}$	$\frac{1}{1000}$

3 Subtrahiere die Dezimalzahlen.

```
a)   3, 8 3 0        b)  1 2, 3 2 6        c)  1 1, 0 0 0
   − 0, 2 0 0           −    4, 4 2 9         −     7, 0 4 8
   − 1, 6 2 4           −    2, 6 3 0         −     1, 6 0 5
   ──────────           ──────────────        −     0, 3 0 0
                                              ──────────────
```

4 Schreibe stellengerecht untereinander und subtrahiere dann.
   a) 37,4 − 12,85 − 0,6
   b) 14,565 − 3,27 − 1,9
   c) 9,5 − 0,4 − 5,455 − 3,21

Addition und Subtraktion von Dezimalzahlen

5 Ergänze die Subtraktions-Zahlenmauer.

a)

| 9,8 | 5,1 | 2,6 | |

mit 0,8 in der zweiten Reihe rechts.

b)

| 8,65 | 4,19 | | 1,85 |

mit 1,49 in der dritten Reihe.

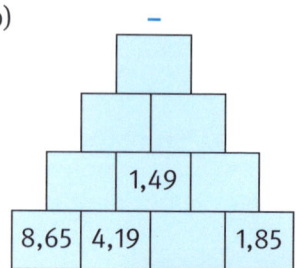

6 Die Lufthülle unserer Erde besteht zu 78,08 % aus Stickstoff, 1 % Wasserdampf, 0,03 % Kohlendioxid und 0,4 % Edelgase. Der Rest ist Sauerstoff, den wir zum Atmen brauchen.

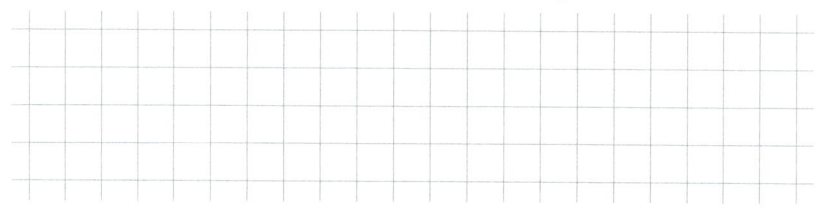

a) Wie viel Prozent der Luft besteht aus Sauerstoff?

b) Die dünne Atmosphäre des Mars besteht zu 95 % aus Kohlendioxid, zu 3 % aus Stickstoff und aus Edelgasen.
Berechne die Unterschiede zwischen dem Mars und der Erde im Hinblick auf Kohlendioxid und Stickstoff. Vergleiche sie.

Subtraktion

7 Bei den folgenden Aufgaben haben sich Fehler eingeschlichen. Beschreibe und korrigiere sie.

8 Ergänze das Quadrat so, dass die Summe in jeder Zeile, jeder Spalte und jeder Diagonale gleich groß ist.

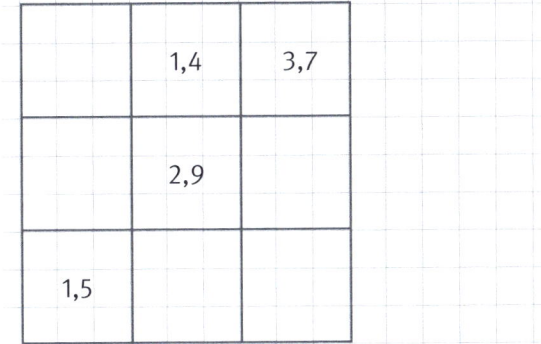

9 Ergänze die fehlenden Ziffern.

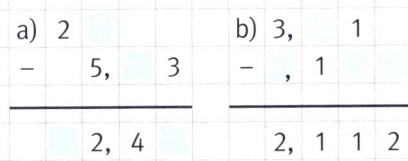

Addition und Subtraktion von Dezimalzahlen

10 Wie viel fehlt bis zur 1? Rechne schriftlich im Heft.
a) 0,1   b) 0,25   c) 0,875   d) 0,02   e) 0,375   f) 0,05

11 Ein Liter Mineralwasser enthält folgende Salze.
Das Hydrogencarbonat überwiegt alle anderen Salze zusammen.
Wie groß ist der Unterschied?

Natrium	0,118 g
Kalium	0,011 g
Magnesium	0,108 g
Calcium	0,348 g
Chlorid	0,040 g
Sulfat	0,038 g
Hydrogencarbonat	1,816 g

12 Der Äquatorradius b auf der Erde beträgt 6378,137 km. Die halbe Erdachse a (entlang der Verbindung Nordpol-Südpol) beträgt nur 6356,752 km. Der Unterschied zwischen diesen beiden Längen wird Abplattung genannt.
a) Berechne den Unterschied.
b) Die größte Erderhebung, der Mt. Everest ist 8,85 km hoch. Die größte Meerestiefe im Pazifik liegt 11,034 km unter der Wasseroberfläche. Berechne den Höhenunterschied. Vergleiche mit der Abplattung der Erde.

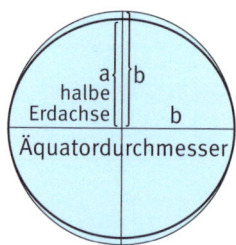

Subtraktion

Fehler-Check

1 Schreibe im Heft stellengerecht untereinander und berechne dann.
  a) 6,05 − 2,3 =   b) 0,78 − 0,2 =
  c) 3 − 0,47 =   d) 36 − 12,45 =

2 In der Tabelle findest du die aktuellen Weltrekorde im 100- und 200-m-Lauf der Männer und Frauen.

	100 m	200 m
Männer	9,58 s	19,19 s
Frauen	10,49 s	21,34 s

  a) Berechne bei den Männern den Zeitunterschied zwischen 100 m und 200 m.
  b) Berechne den Unterschied zwischen Männern und Frauen bei 100 m und bei 200 m.

3 Wenn du auf einem hohen Aussichtspunkt stehst, dann kannst du in der Regel weit sehen. Die Sichtweite hängt von deiner Höhe ab.

Höhe	Aussichtsweite
50 m	26,87 km
200 m	53,74 km
500 m	84,971 km
1000 m	120,167 km
2963 m (Zugspitze)	206,847 km

  a) Um wie viel km nimmt die Weite zu, wenn deine Höhe von 50 m auf 500 m zunimmt?
  b) Bei welcher Höhe beträgt die Aussichtsweite 100 km? Du darfst schätzen.

Fehler	0 – 2 Fehler	3 – 5 Fehler	mehr als 5 Fehler
	Super!	In Ordnung!	Bitte noch einmal üben!

8 Multiplikation von Dezimalzahlen

Dezimalzahl mal Dezimalzahl

1. Multipliziere schriftlich.
   a) 0,3 · 0,3 = 0,9   b) 0,11 · 0,7 = 0,77   *Nullen einfügen!*   *Nicht getrennt vor und nach dem Komma multiplizieren.*
2. Multipliziere.
   a) 8 · 0,4 = 0,32   b) 6,7 · 0,1 = 6,7   c) 4,2 · 2,3 = 8,6

Regeln

1. Willst du eine Dezimalzahl mit einer natürlichen Zahl oder einer zweiten Dezimalzahl multiplizieren, multiplizierst du zunächst so, **als ob kein Komma vorhanden wäre**. Am Ende setzt du im **Ergebnis das Komma so, dass das Ergebnis genauso viele Stellen hinter dem Komma hat wie beide Faktoren zusammen**.

   Beispiele:

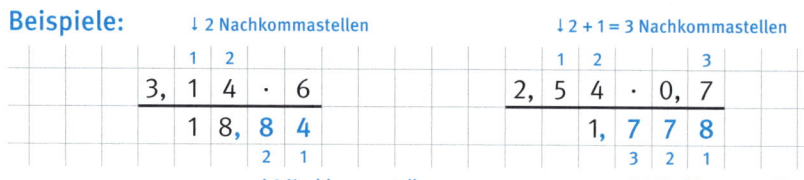

2. Wenn dein Ergebnis nach dem Multiplizieren nicht genügend Stellen hat, dann musst du die restlichen **Stellen bis zum Komma mit Nullen auffüllen**.

   Beispiel:

   ↓ 3 + 3 = 6 Nachkommastellen

   ```
   0,0 4 1 · 0,0 1 8
                 4 1
               3 2 8
   0,0 0 0 7 3 8
       6 5 4 3 2 1
   ```
   ↑ 6 Nachkommastellen, mit Nullen aufgefüllt

Dezimalzahl mal Dezimalzahl

Übungen

 Nur ein Ergebnis ist richtig, du kannst das anhand der Kommastelle überprüfen. Streiche die falschen Ergebnisse durch.

a) $0{,}36 \cdot 2{,}54 =$
  0,09144
  9,144
  0,9144

b) $5{,}8 \cdot 0{,}74 =$
  0,4292
  42,92
  4,292

c) $0{,}51 \cdot 0{,}244 =$
  12,444
  1,2444
  0,12444

② Rechne schriftlich. Schreibe sauber untereinander und achte auf die Nachkommastellen.

a) $36{,}2 \cdot 12$

b) $3{,}14 \cdot 0{,}275$

c) $7{,}9 \cdot 2{,}15$

d) $0{,}25 \cdot 1{,}852$

Tipp | Die meisten Fehler passieren, wenn du nicht sauber untereinanderschreibst und dadurch falsch multiplizierst!
Wenn du sauber schreibst und auf die Kommastellen achtest kann fast nichts mehr passieren …

Multiplikation von Dezimalzahlen

Nutze dein Heft für die Rechnungen und notiere hier nur die Ergebnisse.

3 Das Passagierflugzeug Airbus A 380 fliegt von Hamburg nach New York mit einer Reisegeschwindigkeit von 0,85 Mach in 43 000 Fuß Flughöhe.
Die Flugzeit beträgt 8 Stunden und 40 Minuten für 6125 km.
525 Passagiere können bei einem Flug transportiert werden. (Beachte die Angaben im Tipp!)

a) In welcher Reiseflughöhe in Meter fliegt der Airbus?
b) Wie viel km/h beträgt die Reisegeschwindigkeit?
c) Die Höchstgeschwindigkeit des Airbus A 380 liegt bei 554 Knoten. Sind das mehr als 1000 km/h?

Die Queen Mary 2 benötigt für die Fahrt von Hamburg nach New York ungefähr 8 Tage. Dabei fährt sie einige Zwischenziele an. Der Reiseweg beträgt 4300 Seemeilen. Eine Seemeile ist 1,852 km lang.

d) Wie viel km muss die Queen Mary 2 mehr auf dem Weg von Hamburg nach New York als der Airbus A 380 zurücklegen?
e) Der Flugpreis im Airbus A 380 beträgt 320,50 €. Mit der Queen Mary 2 ist die Reise nach New York sechsmal so teuer. Wie viel kostet die Schiffsreise?

Tipp | Ein **Mach** ist die Schallgeschwindigkeit. Am Erdboden beträgt sie 1234,8 $\frac{km}{h}$. In der Reiseflughöhe von Passagierflugzeugen gilt: 1 Mach = 1079,3 $\frac{km}{h}$. In der Regel wird die Geschwindigkeit von Flugzeugen in **Knoten** angegeben. Hier gilt: 1 Knoten = 1,852 $\frac{km}{h}$.
Die **Flughöhe** wird im englischen Maß: 1 **Fuß** = 0,3048 m angegeben.

Dezimalzahl mal Dezimalzahl

4 Ein Kubikmeter Luft (1 m³ = 1000 l) wiegt 1,29 kg.
Wie viel kg wiegt die Luft in einem 8,40 m langem, 6,25 m breiten und 2,50 m hohen Klassenraum?

5 Ein Bauschuttcontainer fasst 7,5 m³. Der Schutt besteht aus Beton, Erde und Schuttresten, 1 m³ wiegt ungefähr 2,75 t. Beim Abtransport kostet der Container 72 € plus 9,50 € für jeden Kubikmeter Schutt. Das Entsorgungsunternehmen besitzt drei verschiedene Arten von Lastkraftwagen: Eine mit maximal 18 t Zuladung, eine mit höchstens 28 t Zuladung und eine mit bis zu 40 t Zuladung.
a) Wie viel Euro kostet der Abtransport eines vollständig gefüllten Containers?
b) Welche Lkw-Art wird das Entsorgungsunternehmen schicken, die mit 18 t, mit 28 t und mit 40 t Zuladung?

6 Motorleistungen von Autos werden in Kilowatt (kW) angegeben. Früher hat man oft die Einheit „Pferdestärke" (PS) benutzt. 1 kW ≈ 1,36 PS.
a) Berechne die PS-Werte der Autos, runde dann auf Einer.

    Audi A 5   118 kW

    BMW 116 i   85 kW

    Ford Fiesta   44 kW

    VW Golf SDI 55 kW

b) Die Dauerleistung eines Menschen beträgt 0,07 kW.
Wandle in PS um und runde auf Hundertstel.

7 Im Sommer nimmt die Lufttemperatur mit zunehmender Höhe ab, und zwar um 0,65 °C je 100 m. Die Lufttemperatur beträgt im Juni in Rosenheim (Höhe: 440 m) 22 °C.
a) Wie groß wird die Lufttemperatur zur gleichen Zeit und ähnlichen Wetterbedingungen auf dem Wendelstein in 1840 m Höhe sein?

b) Wenn es im Sommer auf der Zugspitze in einer Höhe von 2940 m 0 °C kalt ist, welche Lufttemperatur wird dann in Rosenheim gemessen?

Multiplikation von Dezimalzahlen

8 Die abgebildete Wiese soll eingesät und eingezäunt werden.

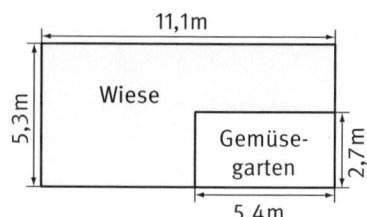

a) Rasensaat für 1 m² kostet 0,25 €. Wie viel Euro kostet die Saat für die ganze Wiese?

b) Der für die Wiese ausgewählte Zaun kostet 12,99 € pro 1 Meter. Wie teuer wird der gesamte Zaun für die Wiese?

Fehler-Check

1 Multipliziere schriftlich.

a) $0,3 \cdot 0,3$ b) $0,11 \cdot 0,7$ c) $8 \cdot 0,4$

d) $6,7 \cdot 0,1$ e) $4,2 \cdot 2,3$ f) $0,15 \cdot 2,67$

2 Fußball stammt aus England. Der Elfmeterpunkt im Strafraum war ursprünglich 36 Fuß von der Torlinie entfernt (1 Fuß = 0,3048 m). Wie viel Meter weichen 36 Fuß von 11 m ab? Rechne im Heft.

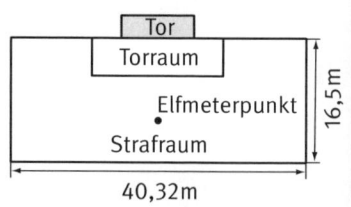

	Fehler	0 – 2 Fehler	3 – 5 Fehler	mehr als 5 Fehler
		Super!	In Ordnung!	Bitte noch einmal üben!

Dezimalzahlen – Multiplikation mit 10, 100, ...

1. Multipliziere im Kopf.
   a) 0,36 · 100 = 0,3600
   b) 10 · 5,4 = 5,40
   c) 3,14 · 1000 = 3000,14   **Kommaverschiebung beachten!**

2. **Rechnen mit Maßstäben**
   Rechts im Bild ist ein Zimmer im Maßstab 1:100 abgebildet. Berechne den Flächeninhalt des wirklichen Zimmers in m².
   3,4 · 100 = 300,400 cm
   1,8 · 100 = 100,800 cm
   3,004 m · 1,008 m ≈ 3,028 m²

Regeln

1. Wenn du eine Dezimalzahl mit 10, 100, 1000, ... multiplizierst, verschiebt sich im Ergebnis das **Komma** um 1, 2, 3, ... Stellen **nach rechts**. Wenn die Anzahl der Ziffern zum Verschieben des Kommas nicht ausreichen, musst du Nullen anhängen.
   Beispiele: 1,45 · 10 = 14,5   1,45 · 100 = 145   1,45 · 1000 = 1450

2. Landkarten benutzen **Maßstäbe**. Ein Teil der Erdoberfläche wird auf diese Weise verkleinert dargestellt.
   Beispiel: Die Karte rechts hat einen Maßstab von 1:8 000 000. Wenn du die Entfernung von Bremen nach Kiel nachmisst, erhältst du 2 cm. In Wirklichkeit sind das:
   1 cm ≙ 8 000 000 cm (1:8 000 000)
   2 cm ≙ 16 000 000 cm ≙ 160 km

Multiplikation von Dezimalzahlen

3. Längen, Flächeninhalte, Rauminhalte und Massen werden in **Maßzahlen** (Dezimalzahlen) und **Maßeinheiten** (z. B. Meter, Quadratzentimeter, Kilogramm) dargestellt.

Beispiele: 1,52 m   54,5 kg
Maßzahl ↑   ↑ Maßeinheit   Maßzahl ↑   ↑ Maßeinheit

Beim Wechsel von einer **größeren** zu einer **kleineren** Maßeinheit wird bei diesen Größen mit 10, 100, 1000 multipliziert.
Längen (Umwandlungszahl 10):
1 km = 1000 m **(Vorsicht! Hier ist die Umwandlungszahl 1000!)**
       1 m = 10 dm
           1 dm = 10 cm
               1 cm = 10 mm

Flächeninhalte (Umwandlungszahl 100):
1 km^2 = 100 ha
     1 ha = 100 a
         1 a = 100 m^2
            1 m^2 = 100 dm^2
                1 dm^2 = 100 cm^2
                    1 cm^2 = 100 mm^2

Rauminhalte (Umwandlungszahl 1000):
1 m^3 = 1000 dm^3
     1 dm^3 = 1000 cm^3
         1 cm^3 = 1000 mm^3

Hohlmaße in Litern:
1 hl (Hektoliter) = 100 l
         1 l = 1 dm^3

Massen (Umwandlungszahl 1000):
1 t = 1000 kg
     1 kg = 1000 g
         1 g = 1000 mg

Beispiele: 57 m = 57 · 10 dm = 570 dm;   2,14 a = 2,14 · 100 m^2 = 214 m^2
1,275 m^3 = 1,275 · 1000 dm^3 = 1275 dm^3;   6,4 hl = 6,4 · 100 l = 640 l
3,5 kg = 3,5 · 1000 g = 3500 g

Dezimalzahlen – Multiplikation mit 10, 100, ...

Übungen

1 Berechne.
   a) $5{,}14 \cdot 10 =$
   b) $12{,}63 \cdot 100 =$
   c) $0{,}09 \cdot 1000 =$
   d) $10 \cdot 13{,}58 =$
   e) $27{,}4 \cdot 100 =$
   f) $0{,}0054 \cdot 1000 =$

2 Gib den Flächeninhalt in cm² und mm² an.
   a)
   b)

3 Der beschreibbare Flächeninhalt einer Schultafel beträgt 6 m². Berechne die Tafelfläche in dm² und cm².

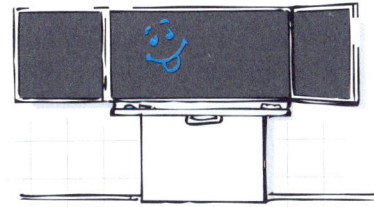

4 Ordne die Längenangaben. Beginne mit der kleinsten. (Nutze dein Heft für die Nebenrechnungen.)

1,57 m   550 mm   96 cm   21 dm

5 Wandle in die angegebenen Einheiten um.
   a) $2{,}25\,\text{m} =$ dm $=$ cm $=$ mm
   b) $0{,}35\,\text{a} =$ m² $=$ dm² $=$ cm²
   c) $0{,}5\,\text{t} =$ kg $=$ g

Multiplikation von Dezimalzahlen

6 Ein Weinhändler kauft bei einem Winzer 175 hl Wein. 1 Liter kostet 2,15 €. Für den Transport muss der Händler 107 € bezahlen.
Wie viel muss er für den gelieferten Wein insgesamt bezahlen?

Der Händler muss insgesamt _____ bezahlen.

7 Schreibe die Größen in der angegebenen Einheit.
a) in cm:
5,3 dm = _____ cm; 1,87 m = _____ cm; 0,03 km = _____ cm
b) in dm²
1,2 m² = _____ dm²; 4 a = _____ dm²; 0,5 ha = _____ dm²
c) in g
63 kg = _____ g; 0,12 t = _____ g; 2,5 kg = _____ g
d) in cm³
6,25 dm³ = _____ cm³; 1,4 m³ = _____ cm³; 35 l = _____ cm³

8 Berechne die Längen in der Wirklichkeit und trage sie in der Tabelle in cm ein.

Maßstab	1 : 100	1 : 1000	1 : 100 000	1 : 200 000
Länge auf der Karte	5,4 cm	0,8 cm	2,5 cm	2,5 cm
Länge in der Wirklichkeit				

9 Auf einer Landkarte mit dem Maßstab 1 : 300 000 hat der Krater des Vesuv einen Durchmesser von 0,2 cm.
a) Wie viel km in der Natur entspricht 1 cm auf der Karte? _____
b) Welchen Durchmesser hat der Krater in Wirklichkeit? _____
c) Auf derselben Karte misst man für Herculaneum einen Abstand von 2,5 cm zum Kratermittelpunkt; für Pompeji 3,1 cm. Wie viel Meter sind Herculaneum und Pompeji vom Krater des Vesuv entfernt?
Herculaneum: _____ ; Pompeji: _____

Dezimalzahlen – Multiplikation mit 10, 100, ...

Fehler-Check

1 Multipliziere im Kopf.
   a) $0{,}36 \cdot 100 =$
   b) $10 \cdot 5{,}4 =$
   c) $3{,}14 \cdot 1000 =$
   d) $10\,000 \cdot 0{,}03 =$

2 Wandle die Größen in die angegebene Einheit um.
   (Nutze dein Heft für die Nebenrechnungen.)
   a) 12,5 m (dm)
   b) 2,4 m (cm)
   c) 77 dm² (cm²)
   d) 450 cm² (mm²)
   e) 4,2 kg (g)
   f) 1,75 t (kg)
   g) 6,8 dm³ (cm³)
   h) 1,9 m³ (l)

3 Ein Holzschuppen ist im Maßstab 1:50 rechts abgebildet. Seine Grundfläche soll ungefähr 4,5 m² betragen.

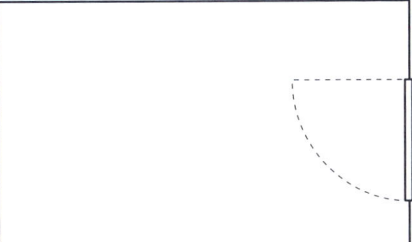

   a) Berechne die Länge und Breite des Schuppens in Wirklichkeit (in cm und m)
   b) Berechne die Grundfläche und vergleiche mit der Angabe oben.
   c) Wie breit ist die Tür im Original?

Fehler	0 – 2 Fehler	3 – 5 Fehler	mehr als 5 Fehler
	Super!	In Ordnung!	Bitte noch einmal üben!

Division von Dezimalzahlen

Dezimalzahl durch Dezimalzahl und natürliche Zahl

1. Dividiere schriftlich.

a) 0,94 : 0,5 = 0,188
   − 0
     9
   − 5
     4 4
   − 4 0
       4 0
     − 4 0
         0

Du musst vor dem Dividieren das Komma verschieben.

b) 8,16 : 0,4 = 2,4
   − 8
     1 6
   − 1 6
       0

Immer nur eine Stelle herunterziehen.

c) 2,16 : 0,3 = 2,16 : 3 = 0,72
   − 0
     2 1
   − 2 1
         6
       − 6
         0

Bei beiden Zahlen musst du das Komma verschieben.

Regeln

1. Willst du eine Dezimalzahl durch eine Dezimalzahl dividieren, musst du zuerst das Komma der beiden Zahlen um so viele Stellen nach **rechts verschieben,** bis in der zweiten Zahl (Divisor) kein Komma mehr steht. Danach führst du die Division wie bei natürlichen Zahlen durch.
   Beispiele: 1,035 : **0,3** = 10,35 : **3**

   Das Komma wird um eine Stelle nach rechts verschoben.

Dezimalzahl durch Dezimalzahl und natürliche Zahl

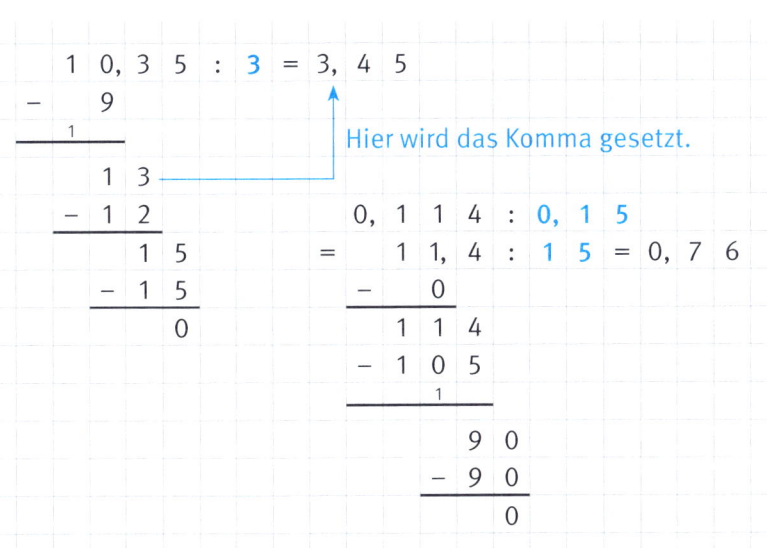

2. Wenn die Zahl, durch die geteilt wird, mehr Nachkommastellen als die zu teilende Zahl hat, so musst du Nullen anhängen.

   Beispiele: 84,6 : **0,06** = 8460 : **6** = 1410

   Eine Nachkommastelle Zwei Nachkommastellen Eine Null angehängt

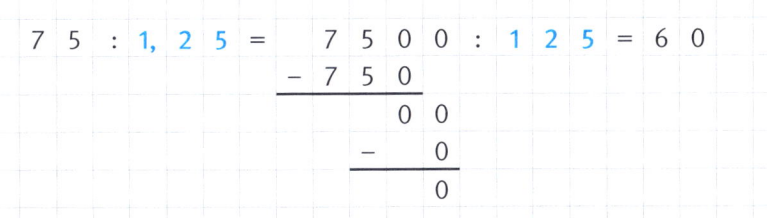

Tipp | Achte beim Dividieren immer darauf, dass du die Rechnungen sauber untereinander, am besten in die Rechenkästchen schreibst. Die meisten Fehler, die hier passieren, kommen von unsauberer Schreibweise.

9 Division von Dezimalzahlen

Übungen

Löse die Aufgaben im Heft.

1 Dividiere schriftlich.
   a) $2,5 : 2$ b) $15,4 : 11$ c) $0,741 : 13$ d) $4,05 : 8$

2 Robert untersucht Geldstücke. Das 10-Cent-Stück ist fast genauso schwer wie das 5-Cent-Stück. Mit einer Waage erhält er folgende Ergebnisse: 16 10-Cent-Stücke wiegen 65,6 g und 13 5-Cent-Stücke wiegen 50,7 g.
   a) Wie viel g wiegen die beiden verschiedenen Geldstücke einzeln?
   b) Wie viel g ist das 10-Cent-Stück schwerer als das 5-Cent-Stück?

3 500 Blatt DIN-A4-Papier sind 5,4 cm hoch.
Berechne, wie dick ein Blatt Papier in cm und in mm ist.

4 Dividiere schriftlich.
   a) $2,3 : 6$ b) $12,3 : 9$ c) $6 : 2,4$ d) $75 : 0,15$

5 25 kg Kartoffeln kosten 13,75 €, 3 kg Tomaten kosten 4,35 € und 6 kg Bananen kosten 11,70 €.
Berechne für alle Produkte die kg-Preise.

6 Dividiere schriftlich.
   a) $0,94 : 0,4$ b) $4,122 : 0,03$ c) $4,368 : 1,2$ d) $23,3 : 0,25$

7 Ein Winzer füllt ein Rotweinfass mit 720 l Inhalt in 0,75-l-Flaschen ab und ein kleines Eisweinfass mit 60 l Inhalt in 0,375-l-Flaschen.
Wie viele Flaschen kann der Winzer insgesamt füllen?

8 Die ISS (International Space Station) kreist in einer Höhe von ca. 350 km um die Erde. Ihre Umlaufbahn ist dabei 42 223,02 km lang. Für einen Umlauf benötigt die ISS 1,4 Stunden.
Wie groß ist die Geschwindigkeit der Weltraumstation in km/h?
$$\left(\text{Geschwindigkeit} = \frac{\text{Weg}}{\text{Zeit}}\right)$$

Dezimalzahl durch Dezimalzahl und natürliche Zahl

9 Ergänze den Rechenbaum.

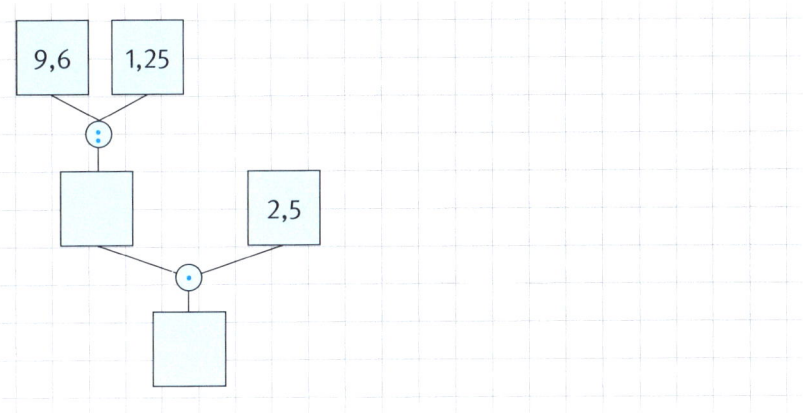

10 Berechne und fülle die Divisions-Zahlenmauer.

11 Im Jahr 1952 legte das Schiff „United States" die Strecke von Amerika nach Europa über den Atlantik in 84,2 Stunden zurück.
Die Entfernung betrug 2906 Seemeilen.
Eine Seemeile beträgt 1,852 km.

a) Wie groß war die Durchschnittsgeschwindigkeit des Schiffs in Seemeilen pro Stunde? (Runde das Ergebnis auf Hundertstel.)

Die Durchschnittsgeschwindigkeit betrug ungefähr   Seemeilen pro Stunde.

b) Wie viele Kilometer ist die United States in der Stunde gefahren?

Die United States hat   km (gerundet) pro Stunde zurückgelegt.

Division von Dezimalzahlen

12 Ein LCD-Ferseher besitzt eine Bildschirm-
fläche, deren Diagonale 93,98 cm lang ist.
Berechne die Länge der Diagonale in Zoll
(1 Zoll = 2,54 cm).
Die Bildschirmdiagonale ist _____ Zoll lang.

Fehler-Check

1 Dividiere schriftlich.
a) 6,15 : 3   b) 16,48 : 8   c) 8,25 : 3   d) 7 : 2,5
e) 0,94 : 0,5   f) 8,16 : 0,4   g) 2,16 : 0,3   h) 6,5 : 1,25

2 Eine Treppe führt auf einen 88,5 m hohen Kirchturm.
Sie hat 354 Stufen.
a) Wie hoch ist jede Stufe? Jede Stufe ist _____ cm hoch.
b) Wie viele Stufen muss die Treppe mehr haben, wenn die Stufen-
höhe um 10 cm reduziert wird?
Die Treppe bis zum Kirchturm muss dann _____ Stufen mehr haben.

3 Ein Güterzug hat 33 Güterwagen und eine 19 m lange Lok.
Er ist insgesamt 890,2 m lang. Wie lang ist ein Güterwagen?
Ein Güterwagen ist _____ m lang.

4 Der Flächeninhalt eines Rechtecks beträgt 11,5 m².
Wie groß ist seine Breite, wenn die Länge 4,6 m lang ist?
Die Breite beträgt _____ m.

5 2,5 kg Äpfel kosten 2,95 €. Berechne den kg-Preis.
Der kg-Preis beträgt _____ .

_____ Fehler	0 – 1 Fehler	2 Fehler	mehr als 2 Fehler
	Super!	In Ordnung!	Bitte noch einmal üben!

Dezimalzahlen – Division durch 10, 100, ...

1. Dividiere.
   a) 8 : 100 = 0,008
   b) 0,6 : 1000 = 0000,6   **Kommaverschiebung** ||
   c) 5 : 10 = 2
   d) 0,15 : 30 = 0,02 ||
   Nicht 10 : 5!

Regeln

1. Wenn du eine Dezimalzahl durch 10, 100, 1000 dividierst, verschiebt sich im Ergebnis das Komma um 1, 2, 3, ... Stellen nach links.
   Beispiele: 37,1 : 10 = 3,71   268,53 : 1000 = 0,26853

Tipp | Wenn die Anzahl der Ziffern zum Verschieben des Kommas nicht ausreicht, musst du Nullen links vom Komma hinzufügen, z. B.:
   1,5 : 100 = ?
Man müsste das Komma um 2 Stellen nach links verschieben, da sind aber keine „Stellen" mehr, also:
   01,5 : 100 =
   001,5 : 100 = 0,015

2. Viele Maßstäbe werden durch Zehnerpotenzen (10, 100, ...,100 000, ...) dargestellt. Wenn du Längen auf einer Karte berechnen willst, dann musst du die Länge in der Wirklichkeit durch die Maßstabzahl teilen.
   Beispiel: Maßstab 1 : 10 000 000
   Länge in der Wirklichkeit: 900 km = 900 000 m = 90 000 000 cm
   Länge auf der Karte: 90 000 000 cm : 10 000 000 = 9 cm

Übungen

1 Bereche die fehlenden Längen und trage sie in die Tabelle ein.

Maßstab	1 : 1000	1 : 100 000	1 : 1 000 000	1 : 2 000 000
Länge auf der Karte			3,5 cm	
Länge in der Wirklichkeit	120 m	20,5 km		168 km

Division von Dezimalzahlen

2 Auf der Karte ist die Eifel im Maßstab 1:1 000 000 abgebildet.

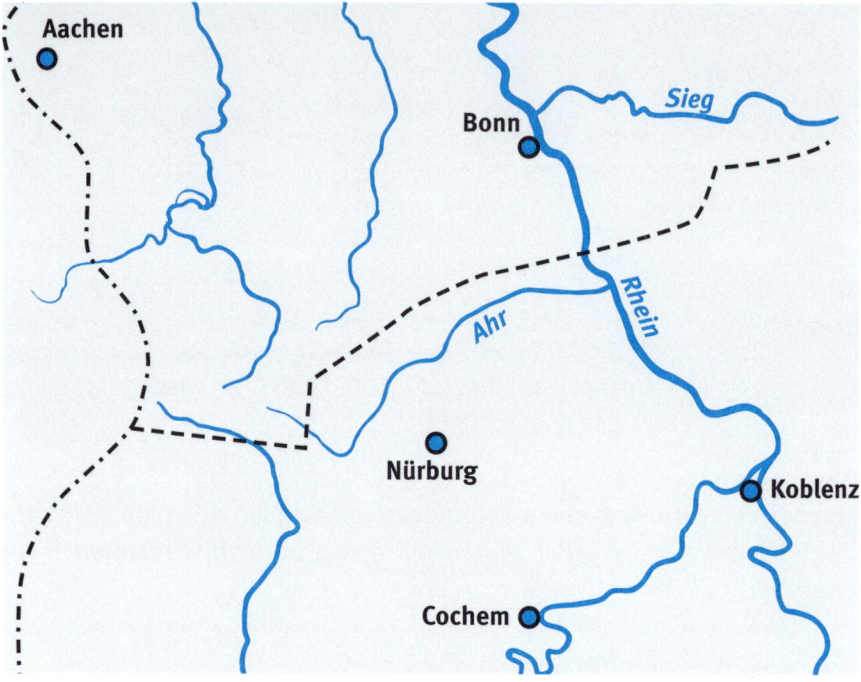

a) Welche eingezeichnete Stadt ist von der Nürburg 75 km entfernt?

b) Wie viel km beträgt die Länge eines Rundfluges Bonn – Aachen – Cochem – Koblenz – Bonn?

c) Bestimme selbst weitere Entfernungen.

3 Durch welche Zahl wurde dividiert bzw. mit welcher Zahl wurde multipliziert?

a) 14 800 ⟶ 14,8
b) 0,04 ⟶ 400
c) 26,37 ⟶ 0,002 637
d) 325,9 ⟶ 3,259

4 Wandle in die angegebene Einheit um.

a) 36 cm (mm)
b) 450 m (km)
c) 8,75 km (m)
d) 43,8 cm (dm)

Dezimalzahlen – Division durch 10, 100, ...

e) 75 cm² (dm²) f) 17,3 a (m²)
g) 0,25 km² (ha) h) 60 m² (cm²)
i) 600 cm³ (dm³) j) 8,2 l (cm³)
k) 0,3 t (kg) l) 75 g (kg)

Tipp | Wenn du nicht mehr ganz sicher bist, hier noch einmal die Einheiten mit den Umwandlungszahlen.

Längen	Flächeninhalte	Rauminhalte	Gewichte
1 cm = 10 mm	1 cm² = 100 mm²	1 cm³ = 1000 mm³	1 g = 1000 mg
1 dm = 10 cm	1 dm² = 100 cm²	1 dm³ = 1000 cm³	1 kg = 1000 g
1 m = 10 dm	1 m² = 100 dm²	1 m³ = 1000 dm³	1 t = 1000 kg
1 km = 1000 m	1 a = 100 m²	1 l = 1 dm³	
	1 ha = 100 a	1 l = 1000 ml	
	1 km² = 100 ha	1 hl = 100 l	

5 Ein menschliches Haar erscheint beim Blick durch ein Mikroskop mit 400-facher Vergrößerung mit einer Dicke von 2 cm.
Wie viel mm dick ist es in Wirklichkeit?

6 Gib die Längen der Strecken in mm, m und dm an.

a)
b)
c)
d)
e)
f)

Division von Dezimalzahlen

7 Der Zeppelin LZ 129 „Hindenburg" war eines der größten Luftfahrzeuge. Er wurde 1936 fertiggestellt und stürzte im amerikanischen Lakehurst (bei New York) brennend ab. Der Zeppelin unternahm Fahrten von Frankfurt nach Lakehurst oder Rio de Janeiro und zurück. LZ 129 war 246,7 m lang und 41,2 m hoch.

Ein Zeppelin kann nur fliegen, wenn er insgesamt leichter als die Luft ist (seine Dichte muss kleiner sein als die Dichte der Luft).
Die Dichte des Zeppelins LZ 129 kannst du leicht ausrechnen:
   Dichte = Masse : Volumen.
Das Volumen der 16 Gastanks betrug 200 000 m³. Der Zeppelin wog beim Start 220 t. Das Leergewicht lag bei 118 t, 40 000 kg Wasserballast wurden mitgeführt, der Rest blieb übrig für den Dieselkraftstoff der Motoren, Personen und Gepäck.
Wenn du wissen willst, wie hoch der LZ 129 steigen kann, dann musst du seine Dichte ausrechnen und mit der Dichte der Luft vergleichen. Dort, wo die beiden Werte gleich groß sind, liegt die Flughöhe.
Du weißt, dass die Luft nach oben hin immer „dünner" wird.

Höhe in m	0	1000	2000	3000	4000	5000	6000	7000
Dichte der Luft in $\frac{kg}{m^3}$	1,29	1,15	1,01	0,90	0,79	0,69	0,60	0,52

a) Gib das Startgewicht in kg an.
b) Berechne die Dichte beim Start des Zeppelins. Vergleiche mit der Luftdichte in der Tabelle und gib die ungefähre Flughöhe an.
c) Beim Flug von Frankfurt nach Lakehurst wurden 54 t Dieselkraftstoff verbraucht. Wie groß war die Flughöhe vor der Landung?
d) Auf der schnellsten Fahrt im August 1936 legte der LZ 129 die Strecke von Lakehurst nach Frankfurt, 6732 km, in 43,02 Stunden zurück. Berechne, wie viel km der Zeppelin pro Stunde bei dieser Fahrt zurückgelegt hat. (Runde auf ganze km.)

Dezimalzahlen – Division durch 10, 100, ...

8 Ein Elefant wiegt 4 t, ein Pferd nur 500 kg. Das Schaf ist 100-mal leichter als ein Elefant. Eine Taube wiegt nur ein Tausendstel so viel wie ein Schaf. Ein Schäferhund bringt 0,05 t auf die Waage. Berechne das Gesamtgewicht aller Tiere.

Fehler-Check

1 Dividiere.
   a) 8 : 100 =
   b) 0,6 : 1000 =
   c) 5 : 10 =
   d) 0,15 : 30 =
   e) 92,5 : 10000 =
   f) 217,35 : 100000 =

2 Wandle in die angegebenen Einheiten um.
   a) 125 m (km):
   b) 5,6 dm (cm):
   c) 60 m² (a):
   d) 7500 cm³ (dm³):
   e) 2,5 g (kg):
   f) 0,037 t (kg):

3 1 kg Fleischwurst kostet 12,90 €. Wie viel kosten 100 g Fleischwurst?

Fehler	0 – 1 Fehler	2 Fehler	mehr als 2 Fehler
	Super!	In Ordnung!	Bitte noch einmal üben!

Lösungen

Kapitel 1: Größer, kleiner oder gleich?

Erweitern und kürzen

1 a) $\frac{8}{12}$ b) $\frac{5}{35}$ c) $\frac{40}{96}$ d) $\frac{36}{100}$

2
a) $\frac{3}{4}$	$\frac{9}{12}$	$\frac{12}{16}$	$\frac{15}{20}$	$\frac{75}{100}$
b) $\frac{7}{8}$	$\frac{21}{24}$	$\frac{28}{32}$	$\frac{35}{40}$	$\frac{175}{200}$

3 a) $\frac{8}{12}$ b) $\frac{72}{84}$ c) $\frac{625}{1000}$ d) $\frac{54}{72}$

4 a) $\frac{3}{12}$ b) $\frac{8}{18}$ c) $\frac{7}{11}$

5 a) $\frac{12}{36} = \frac{6}{18} = \frac{1}{3}$ b) $\frac{28}{70} = \frac{14}{35} = \frac{2}{5}$ c) $\frac{75}{120} = \frac{15}{24} = \frac{5}{8}$ d) $\frac{54}{126} = \frac{27}{63} = \frac{3}{7}$

6 a) $\frac{6}{16} = \frac{3}{8}$ b) $\frac{8}{16} = \frac{1}{2}$ c) $\frac{12}{16} = \frac{3}{4}$

7 a) $\frac{14}{21} = \frac{2}{3}$ b) $\frac{18}{42} = \frac{3}{7}$

Fehler-Check

1 a) $\frac{1}{5} = \frac{3}{15}$ b) $\frac{9}{11} = \frac{99}{121}$ c) $\frac{17}{35} = \frac{340}{700}$ d) $\frac{6}{20} = \frac{24}{80}$

2 a) $\frac{21}{27} = \frac{63}{81}$ b) $\frac{76}{108} = \frac{19}{27}$ c) $\frac{84}{196} = \frac{21}{49}$ d) $\frac{87}{96} = \frac{29}{32}$

3 a) $\frac{8}{16} = \frac{1}{2}$ b) $\frac{6}{12} = \frac{1}{2}$ c) $\frac{18}{30} = \frac{3}{5}$ d) $\frac{235}{240} = \frac{47}{48}$

4 a) $\frac{4}{20} = \frac{1}{5}$ b) $\frac{15}{20} = \frac{3}{4}$

Brüche und gemischte Zahlen vergleichen

1

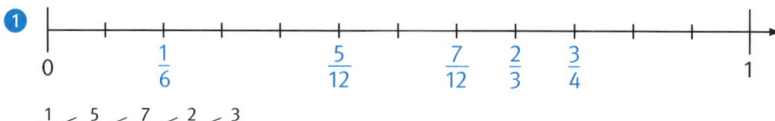

$\frac{1}{6} < \frac{5}{12} < \frac{7}{12} < \frac{2}{3} < \frac{3}{4}$

2 a) $\frac{2}{3} < \frac{4}{5}$; HN: 15; $\frac{2}{3} = \frac{10}{15}$; $\frac{4}{5} = \frac{12}{15}$ b) $\frac{1}{3} > \frac{2}{7}$; HN: 21; $\frac{1}{3} = \frac{7}{21}$; $\frac{2}{7} = \frac{6}{21}$

c) $\frac{3}{5} < \frac{2}{3}$; HN: 15; $\frac{3}{5} = \frac{9}{15}$; $\frac{2}{3} = \frac{10}{15}$ d) $\frac{4}{5} > \frac{4}{6}$; HN: 30; $\frac{4}{5} = \frac{24}{30}$; $\frac{4}{6} = \frac{20}{30}$

e) $\frac{5}{7} = \frac{15}{21}$; HN: 21; $\frac{5}{7} = \frac{15}{21}$ f) $\frac{7}{10} > \frac{5}{8}$; HN: 40; $\frac{7}{10} = \frac{28}{40}$; $\frac{5}{8} = \frac{25}{40}$

3 Hauptnenner: 60; $\frac{7}{30} = \frac{14}{60}$; $\frac{3}{5} = \frac{36}{60}$; $\frac{1}{10} = \frac{6}{60}$; $\frac{5}{6} = \frac{50}{60}$; $\frac{1}{6} = \frac{10}{60}$; $\frac{2}{30} = \frac{4}{60}$; $\frac{15}{60}$

größte Zahl: $\frac{5}{6}$; kleinste Zahl: $\frac{2}{30}$

Lösungen

4 a) $\frac{9}{4} = 2\frac{1}{4}$ b) $3\frac{3}{8} = \frac{27}{8}$ c) $\frac{28}{9} = 3\frac{1}{9}$ d) $7\frac{1}{5} = \frac{36}{5}$

Seite 11

e) $10\frac{3}{10} = \frac{103}{10}$ f) $\frac{41}{8} = 5\frac{1}{8}$ g) $2\frac{1}{15} = \frac{31}{15}$ h) $\frac{43}{25} = 1\frac{18}{25}$

Fehler-Check

Seite 12

1 a) $\frac{1}{3} > \frac{1}{4}$; HN: 12; $\frac{1}{3} = \frac{4}{12}$; $\frac{1}{4} = \frac{3}{12}$ b) $\frac{4}{5} < \frac{5}{6}$; HN: 30; $\frac{4}{5} = \frac{24}{30}$; $\frac{5}{6} = \frac{25}{30}$

c) $\frac{7}{9} > \frac{8}{12}$; HN: 36; $\frac{7}{9} = \frac{28}{36}$; $\frac{8}{12} = \frac{24}{36}$ d) $\frac{2}{7} = \frac{14}{49}$; HN: 49; $\frac{2}{7} = \frac{14}{49}$

2 kgV(4; 5; 8) = 2 · 2 · 2 · 5 = 40; HN: 40

$\frac{4}{5} = \frac{32}{40}$; $\frac{3}{4} = \frac{30}{40}$; $\frac{5}{8} = \frac{25}{40}$ $\Rightarrow$ $\frac{4}{5}$ ist der größte Bruch.

3 Rechteck: $\frac{10}{24}$; Kreis: $\frac{3}{8}$; HN: 24; $\frac{3}{8} = \frac{9}{24}$

Der weiß gefärbte Flächeninhalt im Rechteck ist etwas größer.

4 a) $2\frac{3}{4} = \frac{11}{4}$ b) $7\frac{1}{2} = \frac{15}{2}$ c) $\frac{6}{5} = 1\frac{1}{5}$ d) $\frac{29}{7} = 4\frac{1}{7}$

Kapitel 2: Addition und Subtraktion von Brüchen

Addition

1 a) $\frac{2}{4} + \frac{1}{4} = \frac{3}{4}$ b) $\frac{2}{7} + \frac{3}{7} = \frac{5}{7}$ c) $\frac{10}{25} + \frac{13}{25} = \frac{23}{25}$

Seite 14

d) $\frac{1}{5} + \frac{3}{4} = \frac{4}{20} + \frac{15}{20} = \frac{19}{20}$ e) $\frac{2}{7} + \frac{4}{9} = \frac{18}{63} + \frac{28}{63} = \frac{46}{63}$

2

$\frac{2}{15}$	$\frac{3}{5}$	$\frac{4}{15}$
$\frac{7}{15}$	$\frac{1}{3}$	$\frac{1}{5}$
$\frac{2}{5}$	$\frac{1}{15}$ *	$\frac{8}{15}$

3 $\frac{2}{3} + \frac{4}{3} = \frac{6}{3} = 2$; $\frac{8}{10} + \frac{1}{5} = \frac{4}{5} + \frac{1}{5} = \frac{5}{5} = 1$

Es können 2 Additionsaufgaben gebildet werden.

* Tipp zur Berechnung: $\frac{3}{5} + \frac{1}{5} = \frac{9}{15} + \frac{5}{15} = \frac{14}{15}$ $\Rightarrow$ Es fehlt noch $\frac{1}{15}$.

4 a) HN: 100; $\frac{1}{5} + \frac{7}{25} + \frac{9}{100} + \frac{3}{10} + \frac{3}{50} = \frac{20}{100} + \frac{28}{100} + \frac{9}{100} + \frac{30}{100} + \frac{6}{100} = \frac{93}{100}$

Seite 15

Europa hat den Anteil $\frac{7}{100}$.

b) größter Kontinent: Asien $\frac{30}{100}$; kleinster Kontinent: Australien $\frac{6}{100}$

5 a) $2\frac{3}{5} + 1\frac{2}{7} = 3 + \frac{21}{35} + \frac{10}{35} = 3\frac{31}{35}$

b) $2\frac{7}{9} + 3\frac{5}{6} = 5 + \frac{14}{18} + \frac{15}{18} = 5\frac{29}{28} = 6\frac{11}{18}$

c) $3\frac{1}{2} + 6\frac{6}{9} = 9 + \frac{9}{18} + \frac{12}{18} = 9\frac{21}{18} = 10\frac{3}{18} = 10\frac{1}{6}$

d) $\frac{19}{10} + 8\frac{1}{4} = 1\frac{9}{10} + 8\frac{1}{4} = 9 + \frac{18}{20} + \frac{5}{20} = 9\frac{23}{20} = 10\frac{3}{20}$

Lösungen

Seite 15

6 kgV (2; 3; 4; 5; 10) = 2 · 2 · 3 · 5 = 60

$3\frac{3}{10} + 2\frac{1}{2} + 5\frac{3}{4} + 8 + 1\frac{1}{3} + 6\frac{2}{5} = 25 + \frac{18}{60} + \frac{30}{60} + \frac{45}{60} + \frac{20}{60} + \frac{24}{60} = 25\frac{137}{60} = 27\frac{17}{60}$

Die Pakete wiegen zusammen $27\frac{17}{60}$ kg.

Seite 17

7 a) $\frac{2}{7} = \frac{1}{4} + \frac{1}{28}$ b) $\frac{3}{5} = \frac{1}{2} + \frac{1}{10}$ c) $\frac{4}{9} = \frac{1}{3} + \frac{1}{9}$

d) $\frac{7}{10} = \frac{1}{2} + \frac{1}{5}$ e) $\frac{3}{11} = \frac{1}{4} + \frac{1}{44}$ f) $\frac{7}{12} = \frac{1}{2} + \frac{1}{12}$

8 a)

		$2\frac{9}{20}$		
	$\frac{17}{12}$		$\frac{62}{60}$	
$\frac{5}{6}$		$\frac{7}{12}$		$\frac{9}{20}$
$\frac{1}{2}$	$\frac{1}{3}$		$\frac{1}{4}$	$\frac{1}{5}$

b)

		4		
	$\frac{20}{12}$		$\frac{28}{12}$	
$\frac{3}{4}$		$\frac{11}{12}$		$\frac{17}{12}$
$\frac{1}{2}$	$\frac{1}{4}$		$\frac{2}{3}$	$\frac{3}{4}$

9 $\frac{15}{7}, \frac{16}{7}, \frac{17}{7}, \frac{18}{7}, \frac{19}{7}, \frac{20}{7}$ Summe: $\frac{105}{7} = 15$

10 $2\frac{3}{4} + 1\frac{1}{2} + 1\frac{3}{4} + 1\frac{1}{4} + \frac{1}{2} = 5 + \frac{3}{4} + \frac{2}{4} + \frac{3}{4} + \frac{1}{4} + \frac{2}{4} = 5\frac{11}{4} = 7\frac{3}{4}$

$7\frac{3}{4}$ t ist mehr als $7\frac{1}{2}$ t. Der Lastwagen muss zweimal fahren.

Seite 18

Fehler-Check

1 a) $\frac{2}{7} + \frac{3}{7} = \frac{5}{7}$ b) $\frac{4}{5} + \frac{1}{2} = \frac{8}{10} + \frac{5}{10} = \frac{13}{10} = 1\frac{3}{10}$

c) $\frac{3}{4} + \frac{5}{6} = \frac{9}{12} + \frac{10}{12} = \frac{19}{12} = 1\frac{7}{12}$ d) $\frac{5}{8} + \frac{3}{24} = \frac{15}{24} + \frac{3}{24} = \frac{18}{24} = \frac{3}{4}$

2 a) $\frac{3}{10} = \frac{1}{4} + \frac{1}{20}$ b) $\frac{3}{16} = \frac{1}{6} + \frac{1}{48}$ c) $\frac{8}{15} = \frac{1}{2} + \frac{1}{30}$ d) $\frac{10}{21} = \frac{1}{3} + \frac{1}{7}$

3 a) $\frac{2}{5} + 2 = 2\frac{2}{5}$

b) $2\frac{3}{4} + 1\frac{2}{3} = 3 + \frac{3}{4} + \frac{2}{3} = 3 + \frac{9}{12} + \frac{8}{12} = 3\frac{17}{12} = 4\frac{5}{12}$

c) $3\frac{7}{10} + \frac{11}{4} = 3\frac{7}{10} + 2\frac{3}{4} = 5 + \frac{7}{10} + \frac{3}{4} = 5 + \frac{14}{20} + \frac{15}{20} = 5\frac{29}{20} = 6\frac{9}{20}$

4 $\frac{2}{5} + \frac{1}{12} + \frac{1}{30} + \frac{1}{12} = $ (HN: 60) $\frac{24}{60} + \frac{5}{60} + \frac{2}{60} + \frac{5}{60} = \frac{36}{60} = \frac{3}{5}$

Der Rest beträgt $\frac{2}{5}$ und ist größer als $\frac{1}{3}$.

Lösungen

Subtraktion

1 a) $\frac{3}{5} - \frac{2}{5} = \frac{1}{5}$ b) $\frac{5}{7} - \frac{1}{7} = \frac{4}{7}$ c) $\frac{9}{10} - \frac{2}{10} = \frac{7}{10}$
d) $\frac{4}{5} - \frac{5}{8} = \frac{32}{40} - \frac{25}{40} = \frac{7}{40}$ e) $\frac{5}{12} - \frac{3}{20} = \frac{25}{60} - \frac{9}{60} = \frac{16}{60} = \frac{4}{15}$

2 $\frac{3}{2} - \frac{1}{2} = \frac{2}{2} = 1$ $\frac{4}{5} - \frac{8}{10} = \frac{4}{5} - \frac{4}{5} = 0$

3 a) $\frac{5}{6} - \frac{1}{3} = \frac{1}{2}$; $\frac{1}{2} + \frac{1}{3} = \frac{3}{6} + \frac{2}{6} = \frac{5}{6}$
b) $\frac{1}{10} + \frac{3}{5} = \frac{7}{10}$; $\frac{7}{10} - \frac{3}{5} = \frac{7}{10} - \frac{6}{10} = \frac{1}{10}$
c) $\frac{37}{40} - \frac{3}{10} = \frac{5}{8}$; $\frac{5}{8} + \frac{3}{10} = \frac{25}{40} + \frac{12}{40} = \frac{37}{40}$
d) $\frac{1}{15} + \frac{1}{3} = \frac{2}{5}$; $\frac{2}{5} - \frac{1}{3} = \frac{6}{15} - \frac{5}{15} = \frac{1}{15}$

4 Anja hat eine Kettenrechnung durchgeführt: $\frac{1}{3} + \frac{1}{5} = \frac{8}{15}$ aber $\frac{1}{3} + \frac{1}{5} \neq \frac{8}{15} + \frac{3}{10}$.
Anja hätte jede Rechnung einzeln schreiben müssen, z.B.:
$\frac{8}{15} + \frac{3}{10} = \frac{25}{30} \left(= \frac{5}{6}\right)$; $\frac{25}{30} - \frac{4}{5} = \frac{1}{30}$.

5 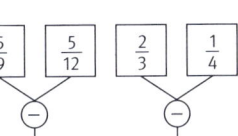   **6**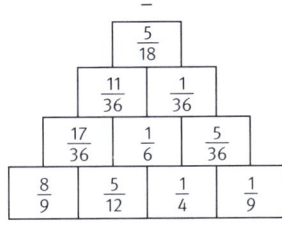

7 a) $9 - \frac{8}{15} = 8\frac{15}{15} - \frac{8}{15} = 8\frac{7}{15}$ b) $2 - \frac{13}{18} = 1\frac{18}{18} - \frac{13}{18} = 1\frac{5}{18}$
c) $3\frac{3}{4} - 2\frac{1}{4} = (3-2) + \left(\frac{3}{4} - \frac{1}{4}\right) = 1\frac{1}{2}$ d) $2\frac{1}{12} - 1\frac{11}{12} = 1\frac{13}{12} - 1\frac{11}{12} = \frac{2}{12} = \frac{1}{6}$
e) $8\frac{1}{2} - 1\frac{2}{5} = 8\frac{5}{10} - 1\frac{4}{10} = 7\frac{1}{10}$ f) $7\frac{3}{8} - 2\frac{3}{5} = 7\frac{15}{40} - 2\frac{24}{40} = 6\frac{55}{40} - 2\frac{24}{40} = 4\frac{31}{40}$
g) $7\frac{3}{4} - 2\frac{1}{5} - 1\frac{3}{8} = 7\frac{30}{40} - 2\frac{8}{40} - 1\frac{15}{40} = (7-2-1) + \left(\frac{30}{40} - \frac{8}{40} - \frac{15}{40}\right) = 4\frac{7}{40}$
h) $5\frac{5}{12} - 1\frac{4}{5} + 2\frac{7}{10} = 5\frac{25}{60} - 1\frac{48}{60} + 2\frac{42}{60} = (5-1+2) + \left(\frac{25}{60} - \frac{48}{60} + \frac{42}{60}\right) = 6\frac{19}{60}$

L Lösungen

Seite 22

8

$$2\tfrac{3}{8} \xrightarrow{-\tfrac{7}{24}} 2\tfrac{1}{12}$$

$$+ 6\tfrac{1}{2} \downarrow \qquad \uparrow +\tfrac{11}{24}$$

$$8\tfrac{7}{8} \xrightarrow{-7\tfrac{1}{4}} 1\tfrac{5}{8}$$

9 $3\tfrac{1}{2} + \tfrac{3}{4} + \tfrac{7}{10} + \tfrac{7}{10} + \tfrac{7}{10} = 3 + \tfrac{10}{20} + \tfrac{15}{20} + \tfrac{14}{20} + \tfrac{14}{20} + \tfrac{14}{20} = 3\tfrac{67}{20} = 6\tfrac{7}{20}$

$8\tfrac{1}{8} - 6\tfrac{7}{20} = 8\tfrac{5}{40} - 6\tfrac{14}{40} = 7\tfrac{45}{40} - 6\tfrac{14}{40} = 1\tfrac{31}{40}$

$1\tfrac{31}{40}$ l Mineralwasser muss noch aufgefüllt werden.

Seite 23 **Fehler-Check**

1 a) $\tfrac{7}{8} - \tfrac{3}{8} = \tfrac{4}{8} = \tfrac{1}{2}$ \qquad b) $\tfrac{5}{6} - \tfrac{2}{3} = \tfrac{5}{6} - \tfrac{4}{6} = \tfrac{1}{6}$

c) $\tfrac{3}{8} - \tfrac{1}{3} = \tfrac{9}{29} - \tfrac{8}{24} = \tfrac{1}{24}$ \qquad d) $\tfrac{3}{4} - \tfrac{5}{8} = \tfrac{6}{8} - \tfrac{5}{8} = \tfrac{1}{8}$

e) $\tfrac{7}{12} - \tfrac{2}{5} = \tfrac{35}{60} - \tfrac{24}{60} = \tfrac{11}{60}$ \qquad f) $\tfrac{11}{20} - \tfrac{7}{15} = \tfrac{33}{60} - \tfrac{28}{60} = \tfrac{5}{60} = \tfrac{1}{12}$

2 a) $1 - \tfrac{3}{5} = \tfrac{5}{5} - \tfrac{3}{5} = \tfrac{2}{5}$ \qquad b) $3 - \tfrac{6}{15} = 2\tfrac{15}{15} - \tfrac{6}{15} = 2\tfrac{9}{15} = 2\tfrac{3}{5}$

c) $\tfrac{7}{3} - \tfrac{13}{10} = 2\tfrac{1}{3} - 1\tfrac{3}{10} = 2\tfrac{10}{30} - 1\tfrac{9}{30} = 1\tfrac{1}{30}$ \qquad d) $8\tfrac{2}{5} - 7\tfrac{1}{9} = 8\tfrac{18}{45} - 7\tfrac{5}{45} = 1\tfrac{13}{45}$

e) $18\tfrac{3}{4} - 11\tfrac{1}{6} = 18\tfrac{9}{12} - 11\tfrac{2}{12} = 7\tfrac{7}{12}$

f) $3\tfrac{4}{9} + 2\tfrac{1}{3} - 4\tfrac{1}{2} = 3\tfrac{8}{18} + 2\tfrac{6}{18} - 4\tfrac{9}{18} = (3 + 2 - 4) + \left(\tfrac{8}{18} + \tfrac{6}{18} - \tfrac{9}{18}\right) = 1\tfrac{5}{18}$

3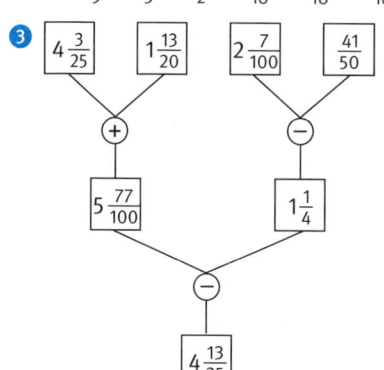

Lösungen

Kapitel 3: Multiplikation

Bruch mal Bruch

1 a) $\frac{2}{7} \cdot \frac{3}{5} = \frac{6}{35}$ b) $\frac{1}{5} \cdot \frac{7}{8} = \frac{7}{40}$ c) $\frac{4}{9} \cdot \frac{4}{9} = \frac{16}{81}$ d) $\frac{3}{4} \cdot \frac{5}{6} = \frac{15}{24} = \frac{5}{8}$

e) $\frac{5}{9} \cdot \frac{4}{15} = \frac{20}{135} = \frac{4}{27}$ f) $\frac{7}{8} \cdot \frac{4}{7} = \frac{28}{56} = \frac{1}{2}$

2 a) $\frac{3}{4} \cdot \frac{6}{7} = \frac{18}{28}$ b) $\frac{6}{7} \cdot \frac{7}{8} = \frac{42}{56}$ c) $\frac{15}{16} \cdot \frac{3}{4} = \frac{45}{64}$ d) $\frac{4}{5} \cdot \frac{1}{2} = \frac{4}{10}$

3 a) Europa: Landfläche: $\frac{3}{10}$; Anteil $= \frac{7}{100}$ von $\frac{3}{10} = \frac{7}{100} \cdot \frac{3}{10} = \frac{21}{1000}$

b) Nordpolarmeer: Anteil $= \frac{4}{100}$ von $\frac{7}{10} = \frac{4}{100} \cdot \frac{7}{10} = \frac{28}{1000}$

Das Nordpolarmeer ist größer als Europa!

4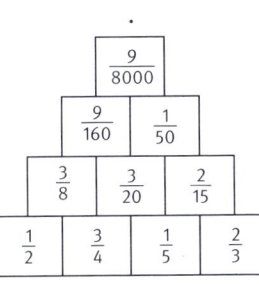

5 Getreide: $\frac{3}{4}$ Mais: $\frac{1}{4}$

Weizen: $\frac{2}{5} \cdot \frac{3}{4} = \frac{6}{20} = \frac{3}{10}$

$\frac{3}{10} > \frac{1}{4}$, weil $\frac{6}{20} > \frac{5}{20}$.

Es wird mehr Weizen angebaut.

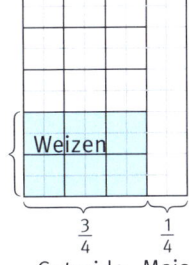

$\frac{2}{5}$ von $\frac{3}{4}$ { Weizen

$\frac{3}{4}$ $\frac{1}{4}$
Getreide Mais

6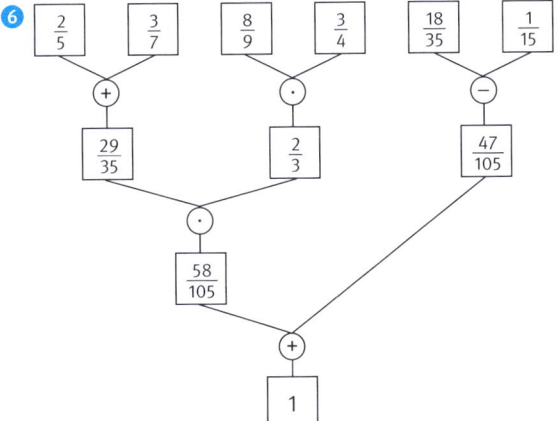

7 $\frac{7}{10} \cdot \frac{1}{3} = \frac{7 \cdot 1}{10 \cdot 3} = \frac{7}{30}$ Es sind $\frac{7}{30}$ l Mineralwasser.

L Lösungen

Seite 27

8 a) $\frac{2}{5} \cdot \frac{3}{7} \cdot \frac{15}{9} = \frac{2 \cdot \cancel{3} \cdot \cancel{15}}{\cancel{5} \cdot 7 \cdot \cancel{9}} = \frac{2}{7}$

b) $\frac{6}{21} \cdot \frac{14}{18} \cdot \frac{3}{5} = \frac{\cancel{6} \cdot \cancel{14} \cdot \cancel{3}}{\cancel{21} \cdot \cancel{18} \cdot 5} = \frac{2}{15}$

c) $\frac{5}{6} \cdot \frac{4}{9} \cdot \frac{3}{10} = \frac{\cancel{5} \cdot \cancel{4} \cdot \cancel{3}}{\cancel{6} \cdot \cancel{9} \cdot \cancel{10}} = \frac{1}{9}$

d) $\frac{3}{8} \cdot \frac{1}{6} \cdot \frac{2}{7} = \frac{\cancel{3} \cdot 1 \cdot \cancel{2}}{\cancel{8} \cdot \cancel{6} \cdot 7} = \frac{1}{56}$

Seite 28

Fehler-Check

1 a) $\frac{5}{7} \cdot \frac{2}{7} = \frac{5 \cdot 2}{7 \cdot 7} = \frac{10}{49}$

b) $\frac{4}{9} \cdot \frac{5}{9} = \frac{4 \cdot 5}{9 \cdot 9} = \frac{20}{81}$

c) $\frac{1}{2} \cdot \frac{1}{5} = \frac{1 \cdot 1}{2 \cdot 5} = \frac{1}{10}$

d) $\frac{2}{5} \cdot \frac{3}{10} = \frac{\cancel{2} \cdot 3}{5 \cdot \cancel{10}} = \frac{3}{25}$

e) $\frac{2}{9} \cdot \frac{3}{8} = \frac{\cancel{2} \cdot \cancel{3}}{\cancel{9} \cdot \cancel{8}} = \frac{1}{12}$

f) $\frac{\cancel{3}}{7} \cdot \frac{\cancel{14}}{\cancel{15}} \cdot \frac{\cancel{5}}{8} = \frac{1}{4}$

2 $\frac{5}{12} \cdot \frac{3}{5} = \frac{\cancel{5} \cdot \cancel{3}}{\cancel{12} \cdot \cancel{5}} = \frac{1}{4}$; Der Anteil beträgt $\frac{1}{4}$.

3 Gebäude: $\frac{1}{7}$; Rest: $\frac{6}{7}$; Gemüse: $\frac{1}{3}$ von $\frac{6}{7} = \frac{1}{3} \cdot \frac{6}{7} = \frac{1 \cdot \cancel{6}}{\cancel{3} \cdot 7} = \frac{2}{7}$;

Weizen: $\frac{1}{2}$ von $\frac{6}{7} = \frac{1}{2} \cdot \frac{6}{7} = \frac{1 \cdot \cancel{6}}{\cancel{2} \cdot 7} = \frac{3}{7}$

Hafer: $1 - \frac{1}{7} - \frac{2}{7} - \frac{3}{7} = \frac{1}{7}$

Gemüse wird auf $\frac{2}{7}$, Weizen auf $\frac{3}{7}$ und Hafer auf $\frac{1}{7}$ der Fläche angebaut.

Bruch mal natürliche und gemischte Zahl

Seite 30

1 $31 \cdot \frac{3}{4} = \frac{31 \cdot 3}{4} = \frac{93}{4} = 23\frac{1}{4}$ Die Unterrichtszeit pro Woche beträgt $23\frac{1}{4}$ Stunden.

2 a) $\frac{2}{5} \cdot 4 = \frac{2 \cdot 4}{5} = \frac{8}{5} = 1\frac{3}{5}$

b) $6 \cdot \frac{5}{8} = \frac{\cancel{6} \cdot 5}{\cancel{8}} = \frac{15}{4} = 3\frac{3}{4}$

c) $\frac{7}{9} \cdot 3 = \frac{7 \cdot \cancel{3}}{\cancel{9}} = \frac{7}{3} = 2\frac{1}{3}$

d) $8 \cdot \frac{1}{2} = \frac{\cancel{8} \cdot 1}{\cancel{2}} = 4$

3 a) $\frac{3}{10} \cdot 3 = \frac{9}{10}$

b) $\frac{1}{8} \cdot 4 = \frac{4}{8} \left(= \frac{1}{2}\right)$

4 mögliche Lösung:

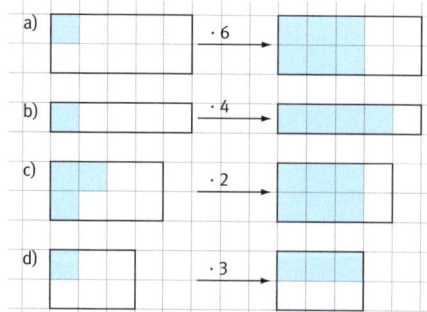

Lösungen

5 a) $5\frac{1}{2} \cdot 3\frac{4}{5} = \frac{11}{2} \cdot \frac{19}{4} = \frac{11 \cdot 19}{2 \cdot 4} = \frac{209}{8} = 26\frac{1}{8}$ b) $5\frac{7}{20} \cdot 3\frac{1}{3} = \frac{107}{20} \cdot \frac{10}{3} = \frac{107 \cdot \cancel{10}^1}{\cancel{20}_2 \cdot 3} = \frac{107}{6} = 17\frac{5}{6}$

Seite 31

c) $2\frac{8}{9} \cdot 2\frac{1}{2} = \frac{26}{9} \cdot \frac{5}{2} = \frac{\cancel{26}^{13} \cdot 5}{9 \cdot \cancel{2}_1} = \frac{65}{9} = 7\frac{2}{9}$ d) $6\frac{3}{8} \cdot 1\frac{1}{17} = \frac{51}{8} \cdot \frac{18}{17} = \frac{\cancel{51}^3 \cdot \cancel{18}^9}{\cancel{8}_4 \cdot \cancel{17}_1} = \frac{27}{4} = 6\frac{3}{4}$

e) $4\frac{1}{2} \cdot 4\frac{1}{2} = \frac{9}{2} \cdot \frac{9}{2} = \frac{9 \cdot 9}{2 \cdot 2} = \frac{81}{4} = 20\frac{1}{4}$ f) $9\frac{1}{6} \cdot 3\frac{3}{5} = \frac{55}{6} \cdot \frac{18}{5} = \frac{\cancel{55}^{11} \cdot \cancel{18}^3}{\cancel{6}_1 \cdot \cancel{5}_1} = 33$

6 a) $2\frac{1}{2}\,\text{m} \cdot 3\frac{1}{2}\,\text{m} = \frac{5}{2} \cdot \frac{7}{2}\,\text{m}^2 = \frac{5 \cdot 7}{2 \cdot 2}\,\text{m}^2 = \frac{35}{4}\,\text{m}^2 = 8\frac{3}{4}\,\text{m}^2$

$3\frac{1}{3}\,\text{m} \cdot 2\frac{2}{3}\,\text{m} = \frac{10}{3} \cdot \frac{8}{3}\,\text{m}^2 = \frac{10 \cdot 8}{3 \cdot 3}\,\text{m}^2 = \frac{80}{9}\,\text{m}^2 = 8\frac{8}{9}\,\text{m}^2$

b) $8\frac{3}{4} = \frac{35}{4}$; $8\frac{8}{9} = \frac{80}{9}$; kgV(4; 9) = 36; $\frac{35}{4} = \frac{315}{36}$; $\frac{80}{9} = \frac{320}{36}$ → $8\frac{3}{4} < 8\frac{8}{9}$

Das zweite Rechteck hat den größeren Flächeninhalt.

7 $1\frac{2}{3} \cdot \frac{5}{8} = \frac{5}{3} \cdot \frac{5}{8} = \frac{5 \cdot 5}{3 \cdot 8} = \frac{25}{24} = 1\frac{1}{24} = 1\frac{3}{72}$ ∗ $\quad 2\frac{1}{8} \cdot \frac{3}{7} = \frac{17}{8} \cdot \frac{3}{7} = \frac{17 \cdot 3}{8 \cdot 7} = \frac{51}{56}$

Seite 32

$3\frac{1}{12} \cdot \frac{2}{6} = \frac{37}{12} \cdot \frac{2}{6} = \frac{37 \cdot \cancel{2}^1}{\cancel{12}_6 \cdot 6} = 1\frac{1}{36} = 1\frac{2}{72}$ ∗ $\quad \frac{40}{9} \cdot \frac{3}{12} = \frac{\cancel{40}^{10} \cdot \cancel{3}^1}{\cancel{9}_3 \cdot \cancel{12}_3} = \frac{10}{9} = 1\frac{1}{9} = 1\frac{8}{72}$ ∗

$2\frac{2}{5} \cdot \frac{1}{4} = \frac{12}{5} \cdot \frac{1}{4} = \frac{\cancel{12}^3 \cdot 1}{5 \cdot \cancel{4}_1} = \frac{3}{5}$ ∗ hier wurde erweitert mit: kgV(24; 36; 9) = 72

also $1\frac{1}{9} > 1\frac{1}{24} > 1\frac{1}{36} > \frac{51}{56} > \frac{3}{5}$.

8

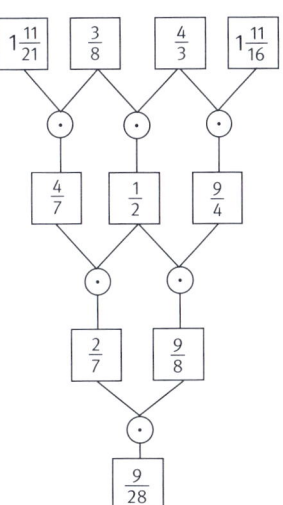

9 a) Hier wurde $3 \cdot 4 = 12$ und $\frac{2}{5} \cdot \frac{1}{3} = \frac{2 \cdot 1}{5 \cdot 3} = \frac{2}{15}$ gerechnet, und dann $12 + \frac{2}{15} = 12\frac{2}{15}$.
Man darf die gemischten Zahlen aber nicht getrennt multiplizieren.
Richtig:
$3\frac{2}{5} \cdot 4\frac{1}{3} = \frac{17}{5} \cdot \frac{13}{3} = \frac{17 \cdot 13}{5 \cdot 3} = \frac{221}{15} = 14\frac{11}{15}$

b) Hier wurde einfach $2 \cdot 4 = 8$ gerechnet und dann $\frac{1}{4}$ dazugezählt. $\frac{1}{4}$ muss aber auch mit 2 multipliziert werden:
$2 \cdot 4\frac{1}{4} = 2 \cdot \frac{17}{4} = \frac{2 \cdot 17}{4} = \frac{34}{4} = \frac{17}{2} = 9\frac{1}{2}$

c) Hier wurden die Bruchteile multipliziert, $\frac{2}{3} \cdot \frac{1}{4} = \frac{2 \cdot 1}{3 \cdot 4} = \frac{2}{12} = \frac{1}{6}$, dann ist noch 5 addiert worden.
Richtig: $5\frac{2}{3} \cdot \frac{1}{4} = \frac{17}{3} \cdot \frac{1}{4} = \frac{17 \cdot 1}{3 \cdot 4} = \frac{17}{12} = 1\frac{5}{12}$

d) Hier wurde mit 3 gekürzt: $4 \cdot 1 = 4$ und $\frac{3}{5} \cdot \frac{2}{3} = \frac{\cancel{3}^1 \cdot 2}{5 \cdot \cancel{3}_1} = \frac{2}{5}$, addiert: $4\frac{2}{5}$
Richtig:
$4\frac{3}{5} \cdot 1\frac{2}{3} = \frac{23}{5} \cdot \frac{5}{3} = \frac{23 \cdot \cancel{5}^1}{\cancel{5}_1 \cdot 3} = \frac{23}{3} = 7\frac{2}{3}$

Lösungen

Seite 33

10 a) $15 \cdot 2\frac{54}{100} = 15 \cdot \frac{254}{100} = \frac{\overset{3}{\cancel{15}} \cdot \overset{127}{\cancel{254}}}{\underset{10}{\underset{\cancel{20}}{\cancel{100}}}} = 38\frac{1}{10}$ Der Felgendurchmesser beträgt $38\frac{1}{10}$ cm.

b) Ferseher: $45 \cdot 2\frac{54}{100} = 45 \cdot \frac{254}{100} = \frac{\overset{9}{\cancel{45}} \cdot \overset{127}{\cancel{254}}}{\underset{10}{\underset{\cancel{20}}{\cancel{100}}}} = \frac{1143}{10} = 114\frac{3}{10}$, also $114\frac{3}{10}$ cm Diagonale.

Laptop: $17 \cdot 2\frac{54}{100} = 17 \cdot \frac{254}{100} = \frac{17 \cdot \overset{127}{\cancel{254}}}{\underset{50}{\cancel{100}}} = \frac{2159}{50} = 43\frac{9}{50}$; also $43\frac{9}{50}$ cm Diagonale.

11 $6 \cdot 1\frac{1}{2} = 6 \cdot \frac{3}{2} = \frac{\overset{3}{\cancel{6}} \cdot 3}{\underset{1}{\cancel{2}}} = 9$ Das Meer ist (9:2) km tief, also $4\frac{1}{2}$ km.

Seite 34

Fehler-Check

1 a) $4 \cdot \frac{1}{8} = \frac{\overset{1}{\cancel{4}} \cdot 1}{\underset{2}{\cancel{8}}} = \frac{1}{2}$ b) $\frac{3}{11} \cdot 5 = \frac{3 \cdot 5}{11} = \frac{15}{11} = 1\frac{4}{11}$

c) $\frac{3}{4} \cdot 2 = \frac{3 \cdot \overset{1}{\cancel{2}}}{\underset{2}{\cancel{4}}} = \frac{3}{2} = 1\frac{1}{2}$ d) $7 \cdot \frac{3}{7} = \frac{\overset{1}{\cancel{7}} \cdot 3}{\underset{1}{\cancel{7}}} = \frac{3}{1} = 3$

2 $7 \cdot \frac{1}{3} = \frac{7 \cdot 1}{3} = \frac{7}{3} = 2\frac{1}{3}$ Das Gewitter ist $2\frac{1}{3}$ km entfernt.

3 a) $5\frac{1}{2} \cdot \frac{1}{4} = \frac{11}{2} \cdot \frac{1}{4} = \frac{11 \cdot 1}{2 \cdot 4} = \frac{11}{8} = 1\frac{3}{8}$ b) $\frac{2}{3} \cdot 4\frac{1}{5} = \frac{2}{3} \cdot \frac{21}{5} = \frac{2 \cdot \overset{7}{\cancel{21}}}{\underset{1}{\cancel{3}} \cdot 5} = \frac{14}{5} = 2\frac{4}{5}$

c) $2\frac{1}{2} \cdot 6 = \frac{5}{2} \cdot 6 = \frac{5 \cdot \overset{3}{\cancel{6}}}{\underset{1}{\cancel{2}}} = \frac{15}{1} = 15$ d) $8 \cdot 6\frac{3}{4} = 8 \cdot \frac{27}{4} = \frac{\overset{2}{\cancel{8}} \cdot 27}{\cancel{4}} = 54$

e) $2\frac{1}{3} \cdot 4\frac{2}{5} = \frac{7}{3} \cdot \frac{22}{5} = \frac{7 \cdot 22}{3 \cdot 5} = \frac{154}{15} = 10\frac{4}{15}$ f) $6\frac{1}{4} \cdot 4\frac{2}{5} = \frac{25}{4} \cdot \frac{22}{5} = \frac{\overset{5}{\cancel{25}} \cdot \overset{11}{\cancel{22}}}{\underset{2}{\cancel{4}} \cdot \underset{1}{\cancel{5}}} = \frac{55}{2} = 27\frac{1}{2}$

4 a) $7 \cdot \frac{3}{25} = \frac{21}{25}$ b) $\frac{4}{3} \cdot 3 = 4$ c) $30 \cdot \frac{1}{10} = 3$ d) $\frac{2}{7} \cdot 6 = \frac{12}{7}$

Kapitel 4: Division

Brüche durch Brüche dividieren

Seite 36

1 a) $\frac{3}{2}$ b) $\frac{7}{4}$ c) 2 d) $\frac{4}{5}$ e) $\frac{3}{10}$ f) $\frac{1}{6}$ g) 1 h) $\frac{1}{50}$

2 a) $\frac{3}{5} \cdot \frac{5}{3} = \frac{\overset{1}{\cancel{3}} \cdot \overset{1}{\cancel{5}}}{\underset{1}{\cancel{5}} \cdot \underset{1}{\cancel{3}}} = 1$ b) $\frac{1}{8} \cdot 8 = \frac{1 \cdot \overset{1}{\cancel{8}}}{\underset{1}{\cancel{8}}} = 1$ c) $7 \cdot \frac{1}{7} = \frac{\overset{1}{\cancel{7}} \cdot 1}{\underset{1}{\cancel{7}}} = 1$ d) $\frac{9}{5} \cdot \frac{5}{9} = \frac{\overset{1}{\cancel{9}} \cdot \overset{1}{\cancel{5}}}{\underset{1}{\cancel{5}} \cdot \underset{1}{\cancel{9}}} = 1$

Das Ergebnis ist immer 1.

3 a) $\frac{3}{4} : \frac{1}{8} = \frac{3}{4} \cdot \frac{8}{1} = \frac{3 \cdot \overset{2}{\cancel{8}}}{\cancel{4} \cdot 1} = 6$; dargestellt ist also die Aufgabe: $\frac{3}{4} : \frac{1}{8} = 6$

b) Schätzung: der rechte Streifen passt links fast fünfmal hinein.

$\frac{3}{4} : \frac{5}{32} = \frac{3}{4} \cdot \frac{32}{5} = \frac{3 \cdot \overset{8}{\cancel{32}}}{\cancel{4} \cdot 5} = \frac{24}{5} = 4\frac{4}{5}$; dargestellt ist also die Aufgabe: $\frac{3}{4} : \frac{5}{52} = 4\frac{4}{5}$

Lösungen

4 a) $\frac{2}{3} : \frac{4}{5} = \frac{2}{3} \cdot \frac{5}{4} = \frac{2 \cdot 5}{3 \cdot 4} = \frac{5}{6}$ b) $\frac{2}{7} : \frac{6}{11} = \frac{2}{7} \cdot \frac{11}{6} = \frac{2 \cdot 11}{7 \cdot 6} = \frac{11}{21}$ c) $\frac{8}{15} : \frac{3}{5} = \frac{8}{15} \cdot \frac{5}{3} = \frac{8 \cdot 5}{15 \cdot 3} = \frac{8}{9}$

Seite 37

d) $\frac{2}{9} : \frac{5}{6} = \frac{2}{9} \cdot \frac{6}{5} = \frac{2 \cdot 6}{9 \cdot 5} = \frac{4}{15}$ e) $\frac{6}{7} : \frac{11}{12} = \frac{6}{7} \cdot \frac{12}{11} = \frac{6 \cdot 12}{7 \cdot 11} = \frac{72}{77}$ f) $\frac{3}{5} : \frac{3}{10} = \frac{3}{5} \cdot \frac{10}{3} = \frac{3 \cdot 10}{5 \cdot 3} = 2$

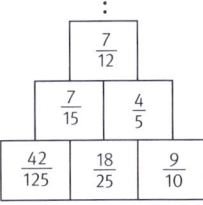

6 a) $\frac{17}{500} : \frac{1}{125} = \frac{17}{500} \cdot \frac{125}{1} = \frac{17 \cdot 125}{500 \cdot 1} = \frac{17}{4} = 4\frac{1}{4}$

b) Deutschland : Griechenland → $2\frac{44}{63}$

Deutschland : Schweiz → $8\frac{28}{39}$

Griechenland : Österreich → $1\frac{23}{40}$

Griechenland : Schweiz → $3\frac{9}{39}$

Österreich : Schweiz → $2\frac{2}{39}$

7 a) Hier wurde vom falschen Bruch der Kehrwert benutzt. Die Lösung ist auch nicht vollständig gekürzt. Richtig wäre: $\frac{5}{8} : \frac{3}{4} = \frac{5}{8} \cdot \frac{4}{3} = \frac{5 \cdot 4}{8 \cdot 3} = \frac{5}{6}$

Seite 38

b) Bei der Rechnung sind die Kehrwerte von beiden Brüchen benutzt worden. Das ist falsch. Richtig wäre: $\frac{2}{7} : \frac{5}{6} = \frac{2}{7} \cdot \frac{6}{5} = \frac{2 \cdot 6}{7 \cdot 5} = \frac{12}{35}$

8 a) $\frac{\frac{3}{5}}{\frac{3}{10}} = \frac{3}{5} : \frac{3}{10} = \frac{3}{5} \cdot \frac{10}{3} = \frac{3 \cdot 10}{5 \cdot 3} = 2$ b) $\frac{\frac{2}{3}}{\frac{3}{4}} = \frac{2}{3} : \frac{3}{4} = \frac{2}{3} \cdot \frac{4}{3} = \frac{2 \cdot 4}{3 \cdot 3} = \frac{8}{9}$

c) $\frac{\frac{1}{2}}{\frac{3}{8}} = \frac{1}{2} : \frac{3}{8} = \frac{1}{2} \cdot \frac{8}{3} = \frac{1 \cdot 8}{2 \cdot 3} = \frac{4}{3} = 1\frac{1}{3}$ d) $\frac{\frac{5}{2}}{\frac{4}{1}} = \frac{5}{2} : \frac{4}{1} = \frac{5}{2} \cdot \frac{1}{4} = \frac{5 \cdot 1}{2 \cdot 4} = \frac{5}{8}$

9 a) $\frac{7}{10} : \frac{1}{8} = \frac{7}{10} \cdot \frac{8}{1} = \frac{7 \cdot 8}{10 \cdot 1} = \frac{28}{5} = 5\frac{3}{5}$

Ich kann 5 Becher mit Traubensaft füllen. Es bleibt ein kleiner Rest.

b) $\frac{1}{5} - \frac{1}{8} = \frac{8}{40} - \frac{5}{40} = \frac{3}{40}$; $5 \cdot \frac{3}{40}\,l = \frac{5 \cdot 3}{40}\,l = \frac{3}{8}\,l$

Es werden bei 5 Bechern zusätzlich $\frac{3}{8}\,l$ Mineralwasser benötigt.

c) $12 \cdot \left(\frac{7}{10} : \frac{1}{8}\right) = 12 \cdot 5\frac{3}{5} = 12 \cdot \frac{28}{5} = \frac{12 \cdot 28}{5} = 67\frac{1}{5}$

Mit 12 Flaschen Traubensaft können 67 Becher mit $\frac{1}{8}\,l$ Saft befüllt werden.

Fehler-Check

Seite 39

1 a) 5 b) $\frac{1}{7}$ c) $\frac{4}{13}$

2 a) $\frac{6}{10} : \frac{2}{10} = \frac{6}{10} \cdot \frac{10}{2} = \frac{6 \cdot 10}{10 \cdot 2} = 3$ b) $\frac{4}{11} : \frac{3}{5} = \frac{4}{11} \cdot \frac{5}{3} = \frac{4 \cdot 5}{11 \cdot 3} = \frac{20}{33}$

c) $\frac{6}{7} : \frac{3}{4} = \frac{6}{7} \cdot \frac{4}{3} = \frac{6 \cdot 4}{7 \cdot 3} = \frac{8}{7} = 1\frac{1}{7}$ d) $\frac{2}{3} : \frac{9}{4} = \frac{2}{3} \cdot \frac{4}{9} = \frac{2 \cdot 4}{3 \cdot 9} = \frac{8}{27}$

Lösungen

Seite 39

❸ $\frac{9}{10} : \frac{4}{25} = \frac{9}{10} \cdot \frac{25}{4} = \frac{9 \cdot \overset{5}{\cancel{25}}}{\underset{2}{\cancel{10}} \cdot 4} = \frac{45}{8} = 5\frac{5}{8}$; Fünf Tassen können gefüllt werden.

❹ $\frac{\frac{5}{10}}{\frac{3}{8}} = \frac{5}{10} : \frac{3}{8} = \frac{5}{10} \cdot \frac{8}{3} = \frac{\overset{1}{\cancel{5}} \cdot \overset{4}{\cancel{8}}}{\underset{1}{\cancel{10}} \cdot 3} = \frac{4}{3}$; $\quad \frac{7}{18} : \frac{1}{3} = \frac{7}{18} \cdot \frac{3}{1} = \frac{7 \cdot \cancel{3}}{\underset{6}{\cancel{18}} \cdot 1} = \frac{7}{6}$; $\quad \frac{2}{9} : \frac{1}{4} = \frac{2}{9} \cdot \frac{4}{1} = \frac{2 \cdot 4}{9 \cdot 1} = \frac{8}{9}$

Hauptnenner: 18; $\frac{4}{3} = \frac{24}{18}$; $\frac{7}{6} = \frac{21}{18}$; $\frac{8}{9} = \frac{16}{18}$ → $\frac{4}{3} > \frac{7}{6} > \frac{8}{9}$

Division von Brüchen, natürlichen und gemischten Zahlen

Seite 41

❶ $25 : \frac{3}{4} = \frac{25}{1} \cdot \frac{4}{3} = \frac{25 \cdot 4}{1 \cdot 3} = \frac{100}{3} = 33\frac{1}{3}$; Man kann 33 Flaschen abfüllen.

❷ 1 Zentner ≙ 50 kg; $50 : \frac{2}{5} = \frac{50}{1} \cdot \frac{5}{2} = \frac{\overset{25}{\cancel{50}} \cdot 5}{1 \cdot \underset{1}{\cancel{2}}} = 125$; 125 Briketts ergeben einen Zentner.

❸ a) $10 : \frac{3}{250} = \frac{10}{1} \cdot \frac{250}{3} = \frac{10 \cdot 250}{1 \cdot 3} = \frac{2500}{3} = 833\frac{1}{3}$; Ungefähr 833 Blatt.

b) $500 \cdot \frac{3}{250} = \frac{\overset{2}{\cancel{500}} \cdot 3}{\underset{1}{\cancel{250}}} = 6$; Das Päckchen ist 6 cm hoch.

❹ a) $100 : 3\frac{1}{2} = 100 : \frac{7}{2} = 100 \cdot \frac{2}{7} = \frac{200}{7} = 28\frac{4}{7}$; Es werden $28\frac{4}{7}$ l Milch benötigt.

b) $2750 : 100 = \frac{\overset{55}{\cancel{2750}}}{\underset{2}{\cancel{100}}} = \frac{55}{2} = 27\frac{1}{2}$; $27\frac{1}{2} \cdot 3\frac{1}{2} = \frac{55}{2} \cdot \frac{7}{2} = \frac{55 \cdot 7}{2 \cdot 2} = \frac{385}{4} = 96\frac{1}{4}$

Aus 2750 l Milch können $96\frac{1}{4}$ kg Butter hergestellt werden.

Seite 42

❺ $\frac{1}{3} + \frac{2}{9} = \frac{3}{9} + \frac{2}{9} = \frac{5}{9}$; 1. Teilstück: $1 - \frac{5}{9} = \frac{9}{9} - \frac{5}{9} = \frac{4}{9}$; Gesamtzeit → Teilzeit : Teilstück;

$2 : \frac{4}{9} = \frac{2}{1} \cdot \frac{9}{4} = \frac{\overset{1}{\cancel{2}} \cdot 9}{1 \cdot \underset{3}{\cancel{4}}} = \frac{9}{2} = 4\frac{1}{2}$; Die Gesamtzeit beträgt $4\frac{1}{2}$ Stunden.

❻ $650 : 16\frac{1}{4} = \frac{650}{1} : \frac{65}{4} = \frac{650}{1} \cdot \frac{4}{65} = \frac{\overset{10}{\cancel{650}} \cdot 4}{\underset{1}{\cancel{65}}} = 40$; Die andere Seite ist 40 m lang.

❼ a) $\frac{2}{3} : 5 = \frac{2}{3} : \frac{5}{1} = \frac{2}{3} \cdot \frac{1}{5} = \frac{2 \cdot 1}{3 \cdot 5} = \frac{2}{15}$

b) $6 : \frac{9}{10} = \frac{6}{1} \cdot \frac{10}{9} = \frac{\overset{2}{\cancel{6}} \cdot 10}{1 \cdot \underset{3}{\cancel{9}}} = \frac{20}{3} = 6\frac{2}{3}$

c) $2\frac{3}{4} : 7 = \frac{11}{4} : \frac{7}{1} = \frac{11}{4} \cdot \frac{1}{7} = \frac{11 \cdot 1}{4 \cdot 7} = \frac{11}{28}$

d) $3 : 9\frac{1}{2} = \frac{3}{1} : \frac{19}{2} = \frac{3}{1} \cdot \frac{2}{19} = \frac{3 \cdot 2}{1 \cdot 19} = \frac{6}{19}$

e) $5\frac{1}{2} : 4\frac{5}{7} = \frac{11}{2} : \frac{33}{7} = \frac{11}{2} \cdot \frac{7}{33} = \frac{\overset{1}{\cancel{11}} \cdot 7}{2 \cdot \underset{3}{\cancel{33}}} = \frac{7}{6} = 1\frac{1}{6}$

f) $4\frac{2}{5} : 8\frac{3}{4} = \frac{22}{5} : \frac{35}{4} = \frac{22}{5} \cdot \frac{4}{35} = \frac{22 \cdot 4}{5 \cdot 35} = \frac{88}{175}$

Lösungen

8

9 $7 : \frac{3}{4} = \frac{7}{1} \cdot \frac{4}{3} = \frac{28}{3} = 9\frac{1}{3}$; $7 : \frac{2}{3} = \frac{7}{1} \cdot \frac{3}{2} = \frac{21}{2} = 10\frac{1}{2}$

Seite 43

Wenn du nur einen Topf benutzt, dann geht es nicht auf. Welche anderen ganzen Literangaben lassen sich mit den Töpfen abmessen?

$\frac{3}{4}$ l-Topf	$\frac{2}{3}$ l-Topf
$3\,l\,\left(4 \cdot \frac{3}{4}\,l\right)$	$2\,l\,\left(3 \cdot \frac{2}{3}\,l\right)$
$6\,l\,\left(8 \cdot \frac{3}{4}\,l\right)$	$4\,l\,\left(6 \cdot \frac{2}{3}\,l\right)$
$9\,l\,\left(12 \cdot \frac{3}{4}\,l\right)$	$6\,l\,\left(9 \cdot \frac{2}{3}\,l\right)$

Du musst 9 l mit dem $\frac{3}{4}$ l-Topf einfüllen und dazwischen 2 l mit dem $\frac{2}{3}$ l-Topf wieder abschöpfen. Dann geht es!

Fehler-Check

Seite 44

1 a) $\frac{3}{7} : 2 = \frac{3}{7} : \frac{2}{1} = \frac{3}{7} \cdot \frac{1}{2} = \frac{3 \cdot 1}{7 \cdot 2} = \frac{3}{14}$

b) $4 : \frac{4}{5} = \frac{4}{1} \cdot \frac{5}{4} = \frac{\cancel{4} \cdot 5}{1 \cdot \cancel{4}} = 5$

c) $3 : 7 = \frac{3}{7}$

d) $6 : 3\frac{1}{2} = \frac{6}{1} : \frac{7}{2} = \frac{6}{1} \cdot \frac{2}{7} = \frac{6 \cdot 2}{1 \cdot 7} = \frac{12}{7} = 1\frac{5}{7}$

e) $3\frac{1}{6} : 3 = \frac{19}{6} : \frac{3}{1} = \frac{19}{6} \cdot \frac{1}{3} = \frac{19}{18} = 1\frac{1}{18}$

f) $5\frac{3}{7} : 1\frac{11}{21} = \frac{38}{7} : \frac{32}{21} = \frac{38}{7} \cdot \frac{21}{32} = \frac{\cancel{38}^{19} \cdot \cancel{21}^{3}}{\cancel{7}_{1} \cdot \cancel{32}_{16}} = \frac{57}{16} = 3\frac{9}{16}$

2 $50\frac{1}{2} \cdot 27\frac{3}{8} = \frac{101}{2} \cdot \frac{219}{8} = \frac{101 \cdot 219}{2 \cdot 8} = \frac{22119}{16} = 1382\frac{7}{16}$;

Die Fläche des Vorplatzes beträgt $1382\frac{7}{16}$ m².

Steinezahl: $\frac{22119}{16} : \frac{1}{4} = \frac{22119}{16} \cdot \frac{4}{1} = \frac{22119 \cdot \cancel{4}^{1}}{\cancel{16}_{4} \cdot 1} = \frac{22119}{4} = 5529\frac{3}{4}$

Es werden 5530 Steine benötigt.

3 $4\frac{1}{2} : \frac{7}{8} = \frac{9}{2} \cdot \frac{8}{7} = \frac{9 \cdot \cancel{8}^{4}}{\cancel{2}_{1} \cdot 7} = \frac{36}{7} = 5\frac{1}{7}$; Der Elefant ist etwa 5-mal schwerer als das Auto.

4 a) $3\frac{1}{8} : \frac{5}{2} = \frac{25}{8} \cdot \frac{2}{5} = \frac{\cancel{25}^{5} \cdot \cancel{2}^{1}}{\cancel{8}_{4} \cdot \cancel{5}_{1}} = \frac{5}{4} = 1\frac{1}{4}$

b) $3\frac{1}{8} : \frac{25}{4} = \frac{25}{8} \cdot \frac{4}{25} = \frac{\cancel{25}^{1} \cdot \cancel{4}^{1}}{\cancel{8}_{2} \cdot \cancel{25}_{1}} = \frac{1}{2}$

c) $3\frac{1}{8} : \frac{6}{25} = \frac{25}{8} \cdot \frac{25}{6} = \frac{25 \cdot 25}{8 \cdot 6} = \frac{625}{48} = 13\frac{1}{48}$

Lösungen

Kapitel 5: Rechenregeln beachten!

Seite 46

1 a) $\left(\frac{2}{4} + \frac{1}{8}\right) \cdot \frac{1}{5} = \left(\frac{4}{8} + \frac{1}{8}\right) \cdot \frac{1}{5} = \frac{5}{8} \cdot \frac{1}{5} = \frac{\cancel{5} \cdot 1}{8 \cdot \cancel{5}} = \frac{1}{8}$

b) $\left(\frac{2}{3} + \frac{7}{21}\right) \cdot 3\frac{2}{11} = \left(\frac{2}{3} + \frac{1}{3}\right) \cdot 3\frac{2}{11} = 1 \cdot 3\frac{2}{11} = 3\frac{2}{11}$

c) $2\frac{1}{2} \cdot \left(\frac{2}{5} + \frac{1}{10}\right) = \frac{5}{2} \cdot \left(\frac{4}{10} + \frac{1}{10}\right) = \frac{5}{2} \cdot \frac{5}{10} = \frac{\cancel{5} \cdot 5}{2 \cdot \cancel{10}} = \frac{5}{4} = 1\frac{1}{4}$

d) $\left(\frac{1}{3} - \frac{1}{7}\right) : 1\frac{1}{7} = \left(\frac{7}{21} - \frac{3}{21}\right) : \frac{8}{7} = \frac{4}{21} \cdot \frac{7}{8} = \frac{\cancel{4} \cdot \cancel{7}}{\cancel{21} \cdot \cancel{8}} = \frac{1}{6}$

2 a) $6\frac{3}{4} : 9 = \frac{27}{4} : \frac{9}{1} = \frac{27}{4} \cdot \frac{1}{9} = \frac{\cancel{27} \cdot 1}{4 \cdot \cancel{9}} = \frac{3}{4}$; Eine Flasche enthält $\frac{3}{4}$ l.

b) $6\frac{3}{4}\,l + 6 \cdot \frac{7}{10}\,l + 12 \cdot \frac{1}{3}\,l = 6\frac{3}{4}\,l + \frac{42}{10}\,l + \frac{12}{3}\,l = 6\frac{3}{4}\,l + 4\frac{1}{5}\,l + 4\,l$

$\qquad = 14\,l + \left(\frac{15}{20}\,l + \frac{4}{20}\,l\right) = 14\frac{19}{20}\,l$

3 a) $1\frac{1}{3} + \frac{5}{9} \cdot \frac{21}{10} = 1\frac{1}{3} + \frac{\cancel{5} \cdot \cancel{21}}{\cancel{9} \cdot \cancel{10}} = 1\frac{1}{3} + \frac{7}{6} = 1\frac{1}{3} + 1\frac{1}{6} = 2 + \left(\frac{2}{6} + \frac{1}{6}\right) = 2\frac{3}{6} = 2\frac{1}{2}$

b) $4\frac{1}{2} \cdot \left(\frac{2}{3} - \frac{1}{5}\right) : 2\frac{1}{3} = \frac{9}{2} \cdot \left(\frac{10}{15} - \frac{3}{15}\right) : \frac{7}{3} = \frac{\cancel{9} \cdot 7}{2 \cdot \cancel{15}} : \frac{7}{3} = \frac{21}{10} : \frac{7}{3} = \frac{21}{10} \cdot \frac{3}{7} = \frac{\cancel{21} \cdot 3}{10 \cdot \cancel{7}} = \frac{9}{10}$

c) $\frac{1}{4} + \frac{2}{5} \cdot \left(\frac{3}{5} + \frac{1}{4}\right) = \frac{1}{4} + \frac{2}{5} \cdot \left(\frac{12}{20} + \frac{5}{20}\right) = \frac{1}{4} + \frac{2}{5} \cdot \frac{17}{20} = \frac{1}{4} + \frac{\cancel{2} \cdot 17}{5 \cdot \cancel{20}} = \frac{1}{4} + \frac{17}{50} = \frac{25}{100} + \frac{34}{100} = \frac{59}{100}$

Seite 47

4 a) $\frac{1}{2} \cdot \frac{1}{2} - \left(\frac{1}{4} \cdot \frac{1}{4} + \frac{1}{8} \cdot \frac{1}{8} + \frac{1}{16} \cdot \frac{1}{16}\right) = \frac{1}{4} - \left(\frac{1}{16} + \frac{1}{64} + \frac{1}{256}\right)$

$\qquad = \frac{1}{4} - \left(\frac{16}{256} + \frac{4}{256} + \frac{1}{256}\right) = \frac{64}{256} - \frac{21}{256} = \frac{43}{256}$

Der schraffierte Flächeninhalt ist $\frac{43}{256}$ m² groß.

b) Bruchteile (weiß): $\frac{1}{4} + \frac{1}{16} + \frac{1}{64} = \frac{16}{64} + \frac{4}{64} + \frac{1}{64} = \frac{21}{64}$

5 $\frac{1}{8} : \left(\frac{1}{2} - \frac{1}{3}\right) + \frac{1}{4} = 1$

6 $\dfrac{\frac{1}{8} : \left(\frac{1}{32} + \frac{3}{4}\right)}{\left(\frac{1}{5} - \frac{2}{25}\right) \cdot \frac{1}{3}} = \dfrac{\frac{1}{8} : \left(\frac{1}{32} + \frac{24}{32}\right)}{\left(\frac{5}{25} - \frac{2}{25}\right) \cdot \frac{1}{3}} = \dfrac{\frac{1}{8} : \frac{25}{32}}{\frac{3}{25} \cdot \frac{1}{3}} = \dfrac{\frac{1}{8} \cdot \frac{32}{25}}{\frac{3 \cdot 1}{25 \cdot 3}} = \dfrac{\frac{4}{25}}{\frac{1}{25}} = \frac{4}{25} : \frac{1}{25} = \frac{4}{25} \cdot \frac{25}{1} = 4$

Seite 48

Fehler-Check

1 a) $\frac{2}{3} + \frac{1}{4} \cdot \frac{3}{8} = \frac{2}{3} + \frac{1 \cdot \cancel{3}}{\cancel{4} \cdot 8} = \frac{2}{3} + \frac{2}{3} = \frac{4}{3} = 1\frac{1}{3}$
b) $\frac{5}{12} \cdot \left(\frac{8}{15} - \frac{2}{15}\right) = \frac{5}{12} \cdot \frac{6}{15} = \frac{\cancel{5} \cdot \cancel{6}}{\cancel{12} \cdot \cancel{15}} = \frac{1}{6}$

c) $\frac{9}{4} \cdot \left[\frac{8}{9} - \left(\frac{1}{2} + \frac{1}{6}\right)\right] = \frac{9}{4} \cdot \left[\frac{8}{9} - \left(\frac{3}{6} + \frac{1}{6}\right)\right] = \frac{9}{4} \cdot \left[\frac{8}{9} - \frac{4}{6}\right] = \frac{9}{4} \cdot \left[\frac{8}{9} - \frac{2}{3}\right] = \frac{9}{4} \cdot \left[\frac{8}{9} - \frac{6}{9}\right]$

$\qquad = \frac{9}{4} \cdot \frac{2}{9} = \frac{\cancel{9} \cdot \cancel{2}}{\cancel{4} \cdot \cancel{9}} = \frac{1}{2}$

Lösungen

d) $\frac{1\frac{2}{3}+\frac{3}{8}}{\frac{1}{4}} = \left(1\frac{2}{3}+\frac{3}{8}\right):\frac{1}{4} = \left(1+\frac{16}{24}+\frac{9}{24}\right):\frac{1}{4} = \left(1+\frac{25}{24}\right):\frac{1}{4} = 2\frac{1}{24}:\frac{1}{4} = \frac{49}{24}\cdot\frac{4}{1} = \frac{49\cdot\cancel{4}^1}{\cancel{24}_6\cdot 1} = \frac{49}{6}$

Seite 48

$= 8\frac{1}{6}$

❷ $1500 - \left(930\cdot 1 + 660\cdot\frac{3}{4}\right) = 1500 - (930 + 165\cdot 3) = 1500 - (930 + 495) = 75$

75 l müssen in die kleinen Flaschen gefüllt werden:

$75:\frac{3}{8} = \frac{75}{1}\cdot\frac{8}{3} = \frac{\cancel{75}^{25}\cdot 8}{1\cdot\cancel{3}_1} = 200$

200 kleine Flaschen können gefüllt werden.

❸ Flächenanteile (weiß): $\frac{6}{48}$ (Felder zählen)

Flächenanteile (blau): $1 - \frac{6}{48} = \frac{48}{48} - \frac{6}{48} = \frac{42}{48} = \frac{7}{8}$

Flächeninhalt (ganz): $1\frac{3}{5}\cdot 1\frac{1}{5}\,m^2 = \frac{8}{5}\cdot\frac{6}{5}\,m^2 = \frac{8\cdot 6}{5\cdot 5}\,m^2 = \frac{48}{25}\,m^2$

Flächeninhalt (blau): $\frac{7}{8}\cdot\frac{48}{25}\,m^2 = \frac{7\cdot\cancel{48}^6}{\cancel{8}_1\cdot 25}\,m^2 = \frac{42}{25}\,m^2 = 1\frac{17}{25}\,m^2$

Kapitel 6: Brüche und Dezimalzahlen

Umwandlungen

Seite 51

❶

	Z	E	$\frac{1}{10}$	$\frac{1}{100}$	$\frac{1}{1000}$
a) $0{,}04 = \frac{4}{100} = \frac{1}{25}$		0	0	4	
b) $1{,}2 = \frac{12}{10} = 1\frac{2}{10} = 1\frac{1}{5}$		1	2		
c) $2{,}090 = \frac{209}{100} = 2\frac{9}{100}$		2	0	9	
d) $0{,}803 = \frac{803}{1000}$		0	8	0	3
e) $4{,}035 = \frac{4035}{1000} = 4\frac{35}{1000} = 4\frac{7}{200}$		4	0	3	5

❷ a) $0{,}84 = \frac{84}{100} = \frac{21}{25}$ b) $2{,}6 = \frac{26}{10} = 2\frac{6}{10} = 2\frac{3}{5}$ c) $0{,}420 = \frac{42}{100} = \frac{21}{50}$

d) $2{,}020 = 2\frac{20}{1000} = 2\frac{1}{50}$ e) $5{,}5 = \frac{55}{10} = 5\frac{5}{10} = 5\frac{1}{2}$ f) $0{,}048 = \frac{48}{1000} = \frac{6}{125}$

❸ Tischtennisball: 0,0027 kg Tennisball: 0,057 kg
Fußball: 0,425 kg Basketball: 0,625 kg

❹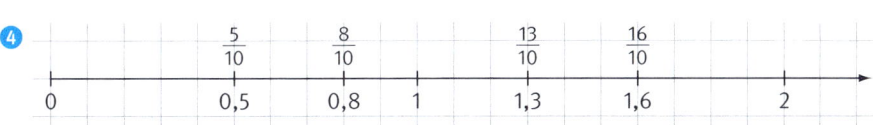

L Lösungen

Seite 52

5 a) $\frac{7}{25} = \frac{28}{100} = 0,28$ b) $\frac{11}{20} = \frac{55}{100} = 0,55$

c) $\frac{6}{125} = \frac{48}{1000} = 0,048$ d) $\frac{19}{40} = \frac{475}{1000} = 0,475$

6 a) $\frac{9}{12} = \frac{3}{4} = \frac{75}{100} = 0,75$ b) $\frac{45}{150} = \frac{9}{30} = \frac{3}{10} = 0,3$

c) $\frac{24}{60} = \frac{4}{10} = 0,4$ d) $\frac{55}{220} = \frac{5}{20} = \frac{25}{100} = 0,25$

Seite 53

7 a) ein Millimeter: 0,001 Meter   b) ein Hektoliter: 100 Liter
c) ein Mikrometer: 0,000 001 Meter   d) eine Megatonne: 1 000 000 Tonnen

8 a) $\frac{1}{2} = 0,5$ b) $\frac{1}{3} = 0,\overline{3}$ c) $\frac{2}{3} = 0,\overline{6}$ d) $\frac{1}{4} = 0,25$ e) $\frac{3}{4} = 0,75$

f) $\frac{1}{5} = 0,2$ g) $\frac{3}{5} = 0,6$ h) $\frac{1}{6} = 0,1\overline{6}$ i) $\frac{1}{8} = 0,125$ j) $\frac{1}{10} = 0,1$

9 a) $\frac{7}{3} = 2,\overline{3}$ b) $\frac{5}{9} = 0,\overline{5}$ c) $\frac{7}{90} = 0,0\overline{7}$

$7 : 3 = 2,\overline{3}$ $5 : 9 = 0,\overline{5}$ $7 : 90 = 0,0\overline{7}$

$\underline{-\ 6}$ $\underline{-\ 0}$ $\underline{-\ 0}$
$\ \ 10$ $\ \ 50$ $\ \ 70$
$\underline{-\ _19}$ $\underline{-\ 45}$ $\underline{-\ \ 0}$
$\ \ 10$ $\ \ 50$ $\ \ 700$
      $\underline{-\ 630}$
      $\ \ 700$

Seite 54

d) $\frac{5}{11} = 0,\overline{45}$ e) $\frac{3}{7} = 0,\overline{428571}$

$5 : 11 = 0,\overline{45}$ $3 : 7 = 0,\overline{428571}$

$\underline{-\ 0}$ $\underline{-\ 0}$
$\ \ 50$ $\ \ 30$
$\underline{-\ 44}$ $\underline{-\ 28}$
$\ \ 60$ $\ \ 20$
$\underline{-\ 55}$ $\underline{-\ 14}$
$\ \ 50$ $\ \ 60$
    $\underline{-\ 56}$
    $\ \ 40$
    $\underline{-\ 35}$
    $\ \ 50$
    $\underline{-\ 49}$
    $\ \ 10$
    $\underline{-\ 7}$
    $\ \ 30$

10 a) $\frac{30}{100} = 30\,\%$ b) $0,65 = \frac{65}{100} = 65\,\%$ c) $\frac{10}{100} = 10\,\%$ d) $1,05 = \frac{105}{100} = 105\,\%$

Lösungen

11 a) $40\% = \frac{40}{100} = 0{,}4$ b) $3\% = \frac{3}{100} = 0{,}03$
c) $19\% = \frac{19}{100} = 0{,}19$ d) $150\% = \frac{150}{100} = 1{,}5$

Seite 55

12 34%: e) 50%: c) 35%: d) 40%: – 44%: f) 25%: a) $33{,}\overline{3}\%$: b)

13 a) 15% bleiben ungefärbt b) 13% bleiben ungefärbt

Seite 56

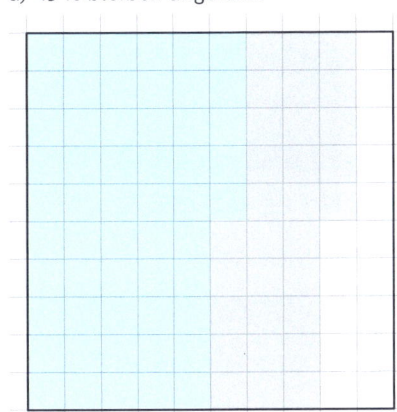
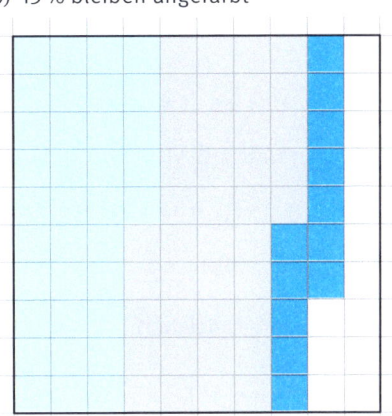

14
a)
$\frac{45}{100}$	0,45
45%	$\frac{9}{20}$

b)
$\frac{60}{100}$	0,6
60%	$\frac{3}{5}$

c)
$\frac{80}{100}$	0,8
80%	$\frac{4}{5}$

d)
$\frac{15}{100}$	0,15
15%	$\frac{3}{20}$

15 siehe rechts.
Die Zahlen in den blauen Quadraten passen zueinander.
Es gibt viele Lösungen.
Vielleicht hast du eine andere gefunden?

Seite 57

$1\frac{1}{2}$	50%	$\frac{1}{2}$	25%	$\frac{1}{4}$	150%
0,35	$\frac{20}{100}$	0,2	$\frac{10}{100}$	0,1	$\frac{35}{100}$
$\frac{7}{20}$	20%	$\frac{1}{5}$	10%	$\frac{1}{10}$	35%
0,4	$\frac{75}{100}$	0,75	$\frac{100}{100}$	1	$\frac{40}{100}$
$\frac{2}{5}$	75%	$\frac{3}{4}$	100%	1	40%
0,01	$\frac{5}{100}$	0,05	$\frac{2}{100}$	0,02	$\frac{1}{100}$
$\frac{1}{100}$	5%	$\frac{1}{20}$	2%	$\frac{1}{50}$	1%
1,5	$\frac{50}{100}$	0,5	$\frac{25}{100}$	0,25	$\frac{150}{100}$

L Lösungen

Seite 58 **Fehler-Check**

1 a) $0{,}34 = \frac{34}{100} = \frac{17}{50}$ b) $0{,}028 = \frac{28}{1000} = \frac{7}{250}$

c) $5{,}07 = \frac{507}{100} = 5\frac{7}{100}$ d) $3{,}1 = \frac{31}{10} = 3\frac{1}{10}$

e) $4{,}030 = \frac{403}{100} = 4\frac{3}{100}$ f) $1{,}0050 = \frac{1005}{1000} = 1\frac{5}{1000} = 1\frac{1}{200}$

2 a) $\frac{7}{10} = 0{,}7$ b) $\frac{9}{1000} = 0{,}009$

c) $\frac{3}{5} = \frac{6}{10} = 0{,}6$ (Erweitern) d) $\frac{2}{3} = 0{,}\overline{6}$ (Division)

e) $\frac{1}{12} = 0{,}08\overline{3}$ (Division) f) $\frac{3}{8} = \frac{375}{1000} = 0{,}375$ (Erweitern)

g) $\frac{27}{36} = \frac{3}{4} = \frac{75}{100} = 0{,}75$ (Kürzen, Erweitern) h) $1\frac{1}{5} = 1\frac{2}{10} = 1{,}2$ (Erweitern)

3 $12\% = \frac{12}{100} = 0{,}12 = \frac{3}{25}$

Runden und Vergleichen

Seite 61 **1** a) $2{,}674 \approx 2{,}7$ b) $3{,}052 \approx 3{,}05$ c) $5{,}499 \approx 5$
 $0{,}328 \approx 0{,}3$ $0{,}407 \approx 0{,}41$ $0{,}803 \approx 1$

2

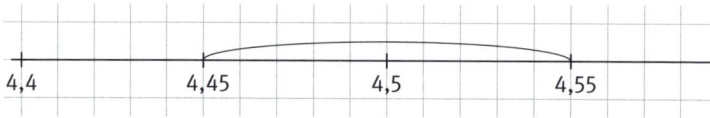

Die ursprüngliche Zahl ist mindestens 4,45 und kleiner als 4,55.

3 Überschlag: $2 + 3 + 1 + 13 + 3 = 22$
20 € reichen nicht aus.

4 Überschlag: $7{,}95\,€ \approx 8\,€$; $26 \cdot 8 = 208$
208 € müsst ihr mitnehmen. Weil ihr aufgerundet habt, kostet die Lektüre insgesamt etwas weniger.

Seite 62 **5** a) $0{,}17 < 0{,}5$ b) $0{,}24 < 0{,}42$ c) $0{,}10 = 0{,}1$
 d) $0{,}03 < 0{,}3$ e) $0{,}33 > 0{,}04$ f) $0{,}2 > 0{,}19$

Lösungen

6

	E	$\frac{1}{10}$	$\frac{1}{100}$	$\frac{1}{1000}$		E	$\frac{1}{10}$	$\frac{1}{100}$	$\frac{1}{1000}$
a)	1	0	0	7	$1{,}007 < 1{,}01$	1	0	1	
b)	0	3	4		$0{,}34 > 0{,}3$	0	3		
c)	0	4			$0{,}4 > 0{,}27$	0	2	7	
d)	2	0	1		$2{,}01 < 1{,}88$	1	8	8	
e)	0	7	8		$0{,}78 = 0{,}780$	0	7	8	

Seite 62

7 a) $0{,}5 > 0{,}3 > 0{,}06 > 0{,}045$
b) $3{,}1 > 3 > 2{,}97 > 2{,}89 > 1{,}99$
c) $1{,}5 > 1{,}495 > 1{,}199 > 1{,}07 > 0{,}99$

8 a) $15\,\% = \frac{15}{100} = 0{,}15;\ \frac{1}{5} = \frac{2}{10} = 0{,}2;\ 1\frac{1}{5} = 1\frac{2}{10} = \frac{12}{10} = 1{,}2;$

$1 : 15 = 0{,}0\overline{6}$
$-\ 0$
$\overline{10}$
$-\ 0$
$\overline{100}$
$-\ 90$
$\overline{100}$

$1{,}5 > 1\frac{1}{5} > \frac{1}{5} > 15\,\% > \frac{1}{15} > 0{,}015$

b) $30\,\% = \frac{30}{100} = 0{,}3;\ 1 : 3 = 0{,}\overline{3};\ 1\frac{1}{3} = 1{,}\overline{3} = 1{,}3;\ 1 : 30 = 0{,}0\overline{3}$

$\phantom{30\,\% = \frac{30}{100} = 0{,}3;\ 1 : 3}-\ 0 -\ 0$
$\phantom{30\,\% = \frac{30}{100} = 0{,}3;\ 1 : 3\ }\overline{10} \overline{10}$
$\phantom{30\,\% = \frac{30}{100} = 0{,}3;\ 1 : 3}-\ 9 -\ 0$
$\phantom{30\,\% = \frac{30}{100} = 0{,}3;\ 1 : 3\ }\overline{10} \overline{100}$
$ -\ 90$
$ \overline{100}$

$3 > 1\frac{1}{3} > \frac{1}{3} > 30\,\% > \frac{1}{30} > 0{,}03$

9 a) 0,9 und 4,8 sind falsch eingetragen.
b) 4,69 und 4,76 sind falsch eingetragen.

Seite 63

L Lösungen

Seite 63

10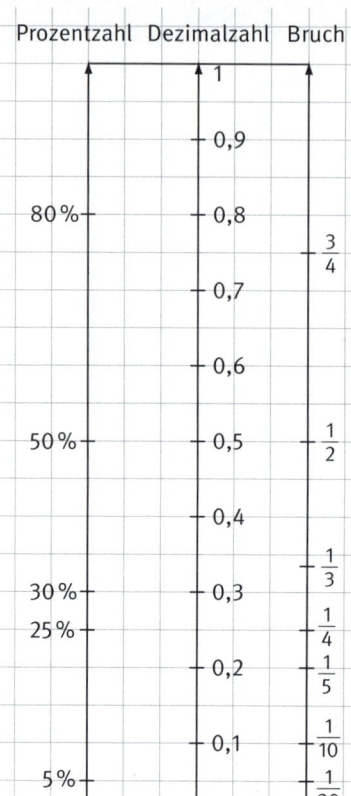

Seite 64

Fehler-Check

1 a) 1,695 ≈ 1,7   b) 3,5647 ≈ 3,56   c) 2,997 ≈ 3   d) 1,185 ≈ 1,19

2 a) 0,47 > 0,125   b) 0,2 > 0,06   c) 0,3 = 0,30   d) 2,79 > 1,451
e) 1,05 < 1,1   f) 1,3 > 1,03

3 1,4 ist die größte Zahl.

4 a) $\frac{3}{50} = \frac{6}{100} = 6\%$ b) $\frac{3}{12} = \frac{1}{4} = \frac{25}{100} = 25\%$ c) $\frac{9}{20} = \frac{45}{100} = 45\%$ d) $\frac{35}{500} = \frac{7}{100} = 7\%$

Lösungen

5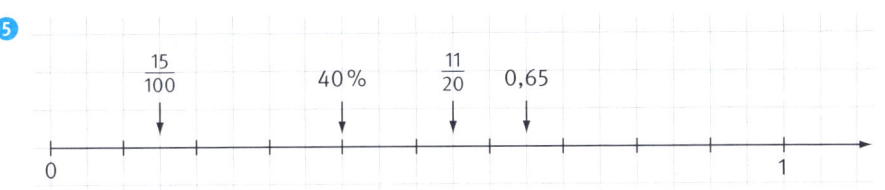

Seite 64

Kapitel 7: Addition und Subtraktion von Dezimalbrüchen

Addition

1 a) 1,3 + 0,7 = 2   b) 4,7 + 1,7 = 6,4   c) 2,5 + 1,5 = 4
    d) 1,6 + 0,5 = 2,1   e) 6,2 + 2,6 = 8,8   f) 9,3 + 1,8 = 11,1

Seite 66

2

a)

E	$\frac{1}{10}$	$\frac{1}{100}$	$\frac{1}{1000}$
7	5	4	0
1	0	8	5
+ 2	3	0	0
1	1		
1 0	9	2	5

b)

E	$\frac{1}{10}$	$\frac{1}{100}$	$\frac{1}{1000}$
0	0	5	0
0	3	0	8
+ 0	7	0	0
	1		
1	0	5	8

c)

E	$\frac{1}{10}$	$\frac{1}{100}$	$\frac{1}{1000}$
2	5	4	0
3	8	2	0
+ 1	2	3	7
1			
7	5	9	7

3 a) 5,450   b) 26,401   c) 45,726

4 a) 17,96   b) 23,629   c) 18,097

5

6,3	5,9	5,8	5,1	4,7	4,2	3,9	3,6
P	A	N	D	A	B	Ä	R

Seite 67

6 a)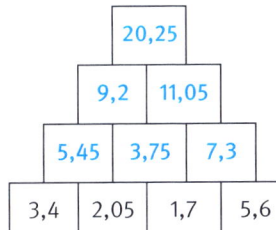

b)

```
              + 
           24,99
        9,28   15,71
     3,47   5,81   9,9
  1,44   2,03   3,78   6,12
```

7 2 + 0,8 + 2,7 + 1,2 + 6 = 12,7. Das Gesamtgewicht beträgt 12,7 t.

L Lösungen

Seite 68

8 a) 822,712 + 689,946 + 685,013 + 157,645 + 101,185 + 25,785 + 17,751 = 2500,037
2008 wurden 2500,037 Millionen t Getreide erzeugt.
b) Mais: 823 Mio. t Weizen: 690 Mio. t Reis: 685 Mio. t Gerste: 158 Mio. t
Hirse: 101 Mio. t Hafer: 26 Mio. t Roggen: 18 Mio. t
Summe (Reis, Hirse, Hafer, Roggen):
685 Mio. t + 101 Mio. t + 26 Mio. t + 18 Mio. t = **830 Mio. t**
Der Maisertrag liegt ungefähr 7 Millionen t niedriger als die Ertragsumme von Reis, Hirse, Hafer und Roggen.

9 a)

Zeit	Bevölkerung (in Mrd.)	Zunahme (in Mrd.)
1900	1,6	0,919
1950	2,519	0,502
1960	3,021	0,675
1970	3,696	0,739
1980	4,435	0,829
1990	5,264	0,807
2000	6,071	0,389
2005	6,46	0,74
2015	7,2	–

Seite 69

b) 1900 : 1,6 Mrd. ≈ 1,6 Mrd.
1950 : 2,519 Mrd. ≈ 2,5 Mrd.
1960 : 3,021 Mrd. ≈ 3,0 Mrd.
1970 : 3,696 Mrd. ≈ 3,7 Mrd.
1980 : 4,435 Mrd. ≈ 4,4 Mrd.
1990 : 5,264 Mrd. ≈ 5,3 Mrd.
2000 : 6,071 Mrd. ≈ 6,1 Mrd.
2005 : 6,46 Mrd. ≈ 6,5 Mrd.
2015 : 7,2 Mrd. ≈ 7,2 Mrd.

c)
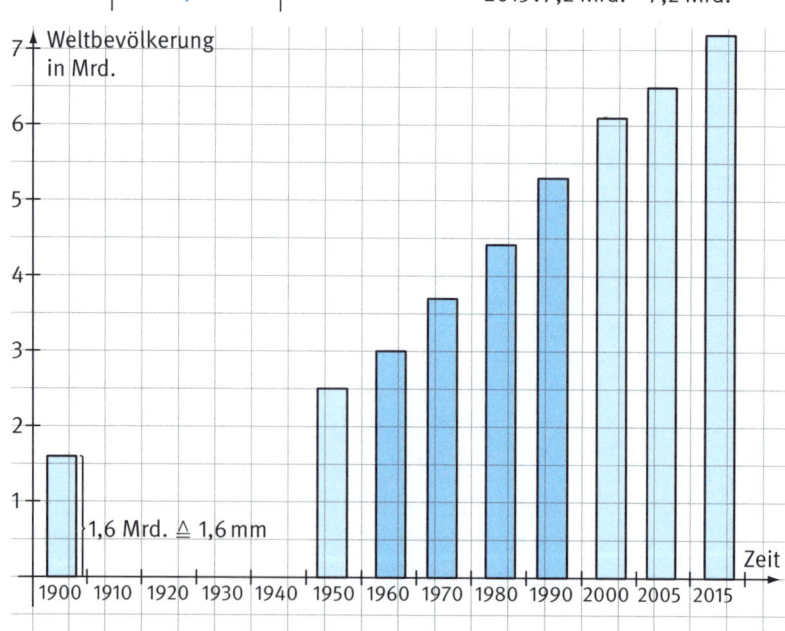

Lösungen

10 a) 42 g b) 171,5 mm

11 a) Das Komma wurde weggelassen. Das richtige Ergebnis lautet 49,49.
b) Die Zahlen hinter dem Komma wurden hier nur zusammengezählt und im Ergebnis hinter dem Komma notiert. Der Übertrag zu den Einern fehlt. Dann heißt das Ergebnis nämlich 1,4.
c) Hier fehlen auch einige Zehnerüberträge. Das Ergebnis lautet 11,1.

Fehler-Check

1 a) 4,7 + 3,8 = 8,5   b) 5,2 + 2,6 = 7,8   c) 5,38 + 1,2 = 6,58
d) 0,1 + 5 = 5,1   e) 0,34 + 8 = 8,34   f) 1,9 + 0,23 = 2,13

2

a)
```
    2 7, 0 2
       3, 9 0
  +    2, 7 9
       1 1 1
    ─────────
    3 3, 7 1
```

b)
```
    1 5, 7 5 5
       2, 9 5 0
  +    0, 5 2 4
          2 1
    ───────────
    1 9, 2 2 9
```

c)
```
    1 5 6, 3 2 0
         7, 4 3 5
  +    3 1, 8 7 0
           1 1 1
    ─────────────
    1 9 5, 6 2 5
```

d)
```
      2 2, 4 4
      3 3, 5 5
  +   5 5, 1 1
      1 1 1 1
    ───────────
    1 1 1, 1 0
```

3 (0,28 + 0,17) + (0,47 + 0,15) + 0,47 + 0,28 + 0,15 + 0,17 = 2,14
2,14 km Zaun werden benötigt.

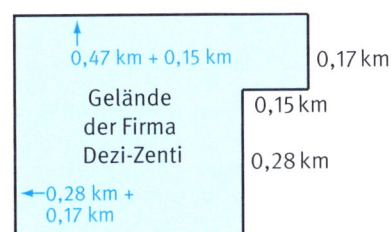

Subtraktion

1 a) 1,8 − 0,6 = 1,2
b) 5,4 − 3,1 = 2,3
c) 2,5 − 1,5 = 1
d) 8,4 − 4,3 = 4,1
e) 6,2 − 4,7 = 1,5
f) 7,0 − 3,7 = 3,3

Lösungen

Seite 73

2 a)

E	1/10	1/100	1/1000
8	5	2	0
− 2	0	2	6
− 1	4	0	0
		1	1
5	0	9	4

b)

E	1/10	1/100	1/1000
0	9	4	0
− 0	1	8	9
− 0	6	0	0
		1	1
0	1	5	1

c)

E	1/10	1/100	1/1000
2	6	9	0
− 1	0	1	5
− 0	4	4	4
		1	
1	2	3	1

3 a) 2,006   b) 5,267   c) 2,047

4

a)
```
   3 7, 4 0
 − 1 2, 8 5
 −   0, 6 0
         2 1
   2 3, 9 5
```

b)
```
   1 4, 5 6 5
 −    3, 2 7 0
 −    1, 9 0 0
          1 1 1
      9, 3 9 5
```

c)
```
   9, 5 0 0
 − 0, 4 0 0
 − 5, 4 5 5
 − 3, 2 1 0
       1 1 1
   0, 4 3 5
```

Seite 74

5 a)

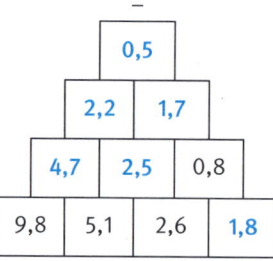

b)

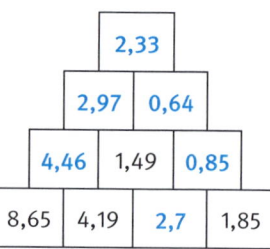

6 a) 100 % − 78,08 % − 1 % − 0,03 % − 0,4 % = **20,49 %**
b) Kohlendioxid: 95 % − 0,03 % = **94,97 %**
Stickstoff: 78,08 % − 3 % = **75,08 %**
Auf dem Mars gibt es 94,97 % mehr Kohlendioxid als auf der Erde, auf der Erde gibt es dafür 75,08 % mehr Stickstoff als auf dem Mars.

Lösungen

7 a) Bei dieser Aufgabe sind alle Zahlen addiert worden.
b) Hinter dem Komma sind die Dezimalen nur addiert worden. Sie hätten aber vom obersten Zahlenwert abgezogen werden müssen.

a)
```
   5, 3 7 5
 - 0, 5 2 0
 - 3, 6 0 0
       1
 ─────────
   1, 2 5 5
```

b)
```
   1 2, 0 0 0
 -    3, 5 1 2
 -    4, 2 4 5
         1 1 1
 ───────────
      4, 2 4 3
```

Seite 75

8

3,0	1,4	3,7
3,6	2,9	1,6
1,5	3,8	2,8

9

a)
```
   2 8
 -   5, 5 3
       1 1
 ─────────
   2 2, 4 7
```

b)
```
   3, 3 1
 - 1, 1 9 8
       1 1
 ─────────
   2, 1 1 2
```

10

a)
```
   1
 - 0, 1
     1
 ─────
   0, 9
```

b)
```
   1
 - 0, 2 5
     1 1
 ───────
   0, 7 5
```

c)
```
   1
 - 0, 8 7 5
     1 1 1
 ─────────
   0, 1 2 5
```

d)
```
   1
 - 0, 0 2
     1 1
 ───────
   0, 9 8
```

e)
```
   1
 - 0, 3 7 5
     1 1 1
 ─────────
   0, 6 2 5
```

f)
```
   1
 - 0, 0 5
     1 1
 ───────
   0, 9 5
```

Seite 76

11

```
   0, 1 1 8
   0, 0 1 1
   0, 1 0 8
   0, 3 4 8
   0, 0 4 0
 + 0, 0 3 8
       1 3
 ─────────
   0, 6 6 3
```

```
   1, 8 1 6
 - 0, 6 6 3
         1
 ─────────
   1, 1 5 3
```

Der Unterschied beträgt **1,153 g**.

Lösungen

Seite 76

12

a)
```
   6 3 7 8, 1 3 7
 - 6 3 5 6, 7 5 2
         1 1
   ─────────────
       2 1, 3 8 5
```
Die Abplattung beträgt 21,385 km.

b) Höhenunterschied: 8,85 + 11,034 = 19,884
21,385 − 19,884 = 1,501; Die Abplattung macht 1,501 km mehr aus.

Seite 77

Fehler-Check

1

a)
```
  6, 0 5
- 2, 3 0
 1
 ───────
  3, 7 5
```

b)
```
  0, 7 8
- 0, 2 0
 ───────
  0, 5 8
```

c)
```
  3, 0 0
- 0, 4 7
 1 1
 ───────
  2, 5 3
```

d)
```
  3 6, 0 0
- 1 2, 4 5
   1 1
  ────────
  2 3, 5 5
```

2 a) 19,19 s − 9,58 s = 9,61 s
b) 100 m: 10,49 s − 9,58 s = 0,91 s; 200 m: 21,34 s − 19,19 s = 2,15 s

3 a) 58,101 km
b) ca. 700 m (692,52 m)
Als richtig gelten Schätzergebnisse zwischen 675 und 725 Metern.

Kapitel 8: Multiplikation von Dezimalzahlen

Dezimalzahl mal Dezimalzahl

Seite 79

1 die richtigen Ergebnisse sind:
a) $0{,}36 \cdot 2{,}54 = 0{,}9144$ b) $5{,}8 \cdot 0{,}74 = 4{,}292$ c) $0{,}51 \cdot 0{,}244 = 0{,}12444$

2 a) 434,4 b) 0,8635 c) 16,985 d) 0,463

Seite 80

3 a) $43\,000 \cdot 0{,}3048$ m = 13 106,4 m b) $0{,}85 \cdot 1079{,}3$ km/h = 917,405 km/h
c) $554 \cdot 1{,}852$ km/h = 1026,008 km/h; Ja, das sind etwas mehr als 1000 km/h.
d) $4300 \cdot 1{,}852$ km = 7963,6 km; 7963,6 km − 6125 km = 1838,6 km;
Die Strecke der Queen Mary ist um 1838,6 km länger als die des Airbus.
e) 320,50 € · 6 = 1923 €; Die Fahrt mit der Queen Mary kostet 1923 €.

Seite 81

4 Volumen = $8{,}40$ m · $6{,}25$ m · $2{,}50$ m = 131,25 m^3; $131{,}25 \cdot 1{,}29$ kg = 169,3125 kg
Die Luft im Klassenraum wiegt 169,3125 kg.

Lösungen

5 a) $7{,}5 \cdot 9{,}50\,€ = 71{,}25\,€$; $71{,}25\,€ + 72\,€ = 143{,}25\,€$

Seite 81

b) $7{,}5 \cdot 2{,}75\,t = 20{,}625\,t$
Das Unternehmen schickt am besten den 28-t-Lkw. Der 40-t-Lkw wäre auch möglich, vielleicht wird er aber für Lasten über 28 t woanders benötigt.

6 a) Audi A5: $\quad 118 \cdot 1{,}36\,PS = 160{,}48\,PS \approx 160\,PS$
BMW 116i: $\quad 85 \cdot 1{,}36\,PS = 115{,}6\,PS \approx 116\,PS$
Ford Fiesta: $\quad 44 \cdot 1{,}36\,PS = 59{,}84\,PS \approx 60\,PS$
VW Golf SDI: $55 \cdot 1{,}36\,PS = 74{,}8\,PS \approx 75\,PS$

b) $0{,}07 \cdot 1{,}36\,PS = 0{,}0952\,PS \approx 0{,}1\,PS$

7 a) $1840\,m - 440\,m = 1400\,m$; $1400\,m = 14 \cdot 100\,m$
$14 \cdot 0{,}65\,°C = 9{,}1\,°C$; $22\,°C - 9{,}1\,°C = 12{,}9\,°C$
Die Lufttemperatur auf dem Wendelstein beträgt nur noch 12,9 °C.

b) $2940\,m - 440\,m = 2500\,m$; $2500\,m = 25 \cdot 100\,m$; $25 \cdot 0{,}65\,°C = 16{,}25\,°C$
In Rosenheim steigt die Lufttemperatur dann auf 16,25 °C.

8 a) $A_{Wiese} = 11{,}1\,m \cdot 5{,}3\,m - 5{,}4\,m \cdot 2{,}7\,m = 44{,}25\,m^2$; $44{,}25 \cdot 0{,}25\,€ \approx 11{,}06\,€$

Seite 82

b) Zaunlänge $= (11{,}1\,m + 5{,}3\,m) \cdot 2 = 32{,}8\,m$; $32{,}8 \cdot 12{,}99\,€ \approx 426{,}07\,€$

Fehler-Check

1 a) 0,09 b) 0,077 c) 3,2 d) 0,67 e) 9,66 f) 0,4005

2 Der ursprüngliche Elfmeterpunkt lag 0,0272 m näher zum Tor.

Dezimalzahlen – Multiplikation mit 10, 100, …

1 a) $5{,}14 \cdot 10 = 51{,}4$ b) $12{,}63 \cdot 100 = 1263$ c) $0{,}09 \cdot 1000 = 90$

Seite 85

d) $10 \cdot 13{,}58 = 135{,}8$ e) $27{,}4 \cdot 100 = 2740$ f) $0{,}0054 \cdot 1000 = 5{,}4$

2 a) $3{,}5\,cm \cdot 1\,cm = 3{,}5\,cm^2$ b) $1{,}5\,cm \cdot 1\,cm = 1{,}5\,cm^2$
$\quad\;\; 3{,}5 \cdot 100 = 350 \qquad\qquad\quad\; 1{,}5 \cdot 100 = 150$
$\quad\;\; 3{,}5\,cm^2 = 350\,mm^2 \qquad\quad\; 1{,}5\,cm^2 = 150\,mm^2$

3 $6\,m^2 = 6 \cdot 100\,dm^2 = 600\,dm^2$; $600\,dm^2 = 600 \cdot 100\,cm^2 = 60\,000\,cm^2$

4 Alle Werte in die kleinste Einheit umrechnen (mm):
$96\,cm = 96 \cdot 100\,mm = 960\,mm$ ②
$21\,dm = 21 \cdot 10\,cm = 210\,cm = 210 \cdot 10\,mm = 2100\,mm$ ④
$1{,}57\,m = 1{,}57 \cdot 10\,dm = 15{,}7\,dm = 15{,}7 \cdot 10\,cm = 157\,cm = 157 \cdot 10\,mm = 1570\,mm$ ③
$550\,mm < 96\,cm < 1{,}57\,m < 21\,dm$

5 a) $2{,}25\,m = 22{,}5\,dm = 225\,cm = 2250\,mm$
b) $0{,}35\,a = 35\,m^2 = 3500\,dm^2 = 350\,000\,cm^2$
c) $0{,}5\,t = 500\,kg = 500\,000\,g$

Lösungen

6 175 hl = 175 · 100 l = 17 500 l; 17 500 · 2,15 = 37 625; 37 625 € + 107 € = 37 732 €
Der Händler muss insgesamt 37 732 € bezahlen.

7 a) 5,3 dm = 53 cm   1,87 m = 187 cm   0,03 km = 3000 cm
b) 1,2 m² = 120 dm²   4 a = 40 000 dm²   0,5 ha = 500 000 dm²
c) 63 kg = 63 000 g   0,12 t = 120 000 g   2,5 kg = 2500 g
d) 6,25 dm³ = 6250 cm³   1,4 m³ = 1 400 000 cm³   35 l = 35 000 cm³

8 5,4 cm · 100 = 540 cm; 0,8 cm · 1000 = 800 cm; 2,5 cm · 100 000 = 250 000 cm;
2,5 cm · 200 000 = 2,5 · 2 · 100 000 cm = 500 000 cm

Maßstab	1 : 100	1 : 1000	1 : 100 000	1 : 200 000
Länge auf der Karte	5,4 cm	0,8 cm	2,5 cm	2,5 cm
Länge in der Wirklichkeit	540 cm	800 cm	250 000 cm	500 000 cm

9 a) 1 cm ≙ 300 000 cm; 300 000 cm = 3000 m; 3000 m = 3 km
b) 0,2 · 3 km = 0,6 km
c) Herculaneum: 2,5 · 3000 m = 7500 m; Pompeji: 3,1 · 3000 m = 9300 m

Fehler-Check

1 a) 36   b) 54   c) 3140   d) 300

2 a) 12,5 m = 12,5 · 10 dm = 125 dm
b) 2,4 m = 2,4 · 10 dm = 24 dm = 24 · 10 cm = 240 cm
c) 77 dm² = 77 · 100 cm² = 7700 cm²
d) 450 cm² = 450 · 100 mm² = 45 000 mm²
e) 4,2 kg = 4,2 · 1000 g = 4200 g
f) 1,75 t = 1,75 · 1000 kg = 1750 kg
g) 6,8 dm³ = 6,8 · 1000 cm³ = 6800 cm³
h) 1,9 m³ = 1,9 · 1000 dm³ = 1900 dm³ = 1900 l

3 a) Länge: 5,6 cm · 50 = 280 cm = 2,8 m; Breite: 3,3 cm · 50 = 165 cm = 1,65 cm
b) 2,8 · 1,65 = 4,620; Die Grundfläche ist 4,62 m² groß. Das sind 0,12 m² mehr als die ungefähre Angabe.
c) 1,6 cm · 50 = 80 cm

Kapitel 9: Division von Dezimalzahlen

Dezimalzahl durch Dezimalzahl und natürliche Zahl

1 a) 2,5 : 2 = 1,25   b) 15,4 : 11 = 1,4
c) 0,741 : 13 = 0,057   d) 4,05 : 8 = 0,50625

Lösungen

Seite 90

2 a) 65,6 : 16 = 4,1; Das 10-Cent-Stück wiegt 4,1 g.
50,7 : 13 = 3,9; Das 5-Cent-Stück 3,9 g.
b) 4,1 g − 3,9 g = 0,2 g; Das 10-Cent-Stück wiegt 0,2 g mehr.

3 5,4 : 500 = 0,0108; 0,0108 cm = 0,0108 · 10 mm = 0,108 mm
Ein DIN-A4-Blatt ist 0,0108 cm bzw. 0,108 mm dick.

4 a) 2,3 : 6 = 0,38$\overline{3}$ b) 12,3 : 9 = 1,3$\overline{6}$ c) 6 : 2,4 = 2,5   d) 75 : 0,15 = 500

5 Kartoffeln: 13,75 : 25 = 0,55; Tomaten: 4,35 : 3 = 1,45; Bananen: 11,70 : 6 = 1,95;
1 kg Kartoffeln kosten 0,55 €, 1 kg Tomaten 1,45 € und 1 kg Bananen 1,95 €

6 a) 0,94 : 0,4 = 2,35   b) 4,122 : 0,03 = 137,4
c) 4,368 : 1,2 = 3,64   d) 23,3 : 0,25 = 93,2

7 720 : 0,75 = 960; 60 : 0,375 = 160; 960 + 160 = 1120
Zusammen kann der Winzer 1120 Flaschen befüllen.

8 42 223,02 : 1,4 = 30 159,3; Die Geschwindigkeit der ISS beträgt 30 159,3 km/h.

9 9,6 : 1,25 = 7,68; 7,68 · 2,5 = 19,200

Seite 91

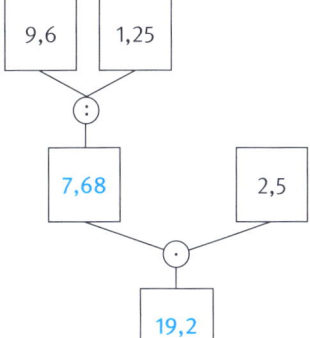

10 1,6 : 0,25 = 6,4; 0,25 : 0,5 = 0,5; 6,4 : 0,5 = 12,8

		:	
		12,8	
	6,4	0,5	
1,6	0,25	0,5	

11 a) 2906 : 84,2 = 34,513… ≈ 34,51
Die Durchschnittsgeschwindigkeit betrug ungefähr 34,51 Seemeilen pro Stunde.
b) 34,51 · 1,852 = 63,91252
Die United States hat 63,91 km (gerundet) pro Stunde zurückgelegt.

12 93,98 : 2,54 = 37; Die Bildschirmdiagonale ist 37 Zoll lang.

Seite 92

L Lösungen

Seite 92 — Fehler-Check

1 a) 6,15 : 3 = 2,05 b) 16,48 : 8 = 2,06 c) 8,25 : 3 = 2,75 d) 7 : 2,5 = 2,8
e) 0,94 : 0,5 = 1,88 f) 8,16 : 0,4 = 20,4 g) 2,16 : 0,3 = 7,2 h) 6,5 : 1,25 = 5,2

2 a) 88,5 : 354 = 0,25; Jede Stufe ist 25 cm hoch.
b) 25 cm − 10 cm = 15 cm; 15 cm = 0,15 m; 88,5 : 0,15 = 590;
590 Stufen − 354 Stufen = 236 Stufen
Die Treppe bis zum Kirchturm muss dann 236 Stufen mehr haben.

3 890,2 − 19 = 871,2; 871,2 : 33 = 26,4; Ein Güterwagen ist 26,4 m lang.

4 11,5 : 4,6 = 2,5; Die Breite beträgt 2,5 m.

5 2,95 : 2,5 = 1,18; Der kg-Preis beträgt 1,18 €.

Dezimalzahlen – Division durch 10, 100, …

Seite 93

1 120 m = 12 000 cm; 12 000 cm : 1000 = 12 cm
20,5 km = 20 500 m = 2 050 000 cm; 2 050 000 cm : 100 000 = 20,5 cm
3,5 cm · 1 000 000 = 3 500 000 cm; 3 500 000 cm = 35 000 m = 35 km
168 km = 168 000 m = 16 800 000 cm;
16 800 000 cm : 2 : 1 000 000 = 8 400 000 cm : 1 000 000 = 8,4 cm

Maßstab	1 : 1000	1 : 100 000	1 : 1 000 000	1 : 2 000 000
Länge auf der Karte	12 cm	20,5 cm	3,5 cm	8,4 cm
Länge in der Wirklichkeit	120 m	20,5 km	35 km	168 km

Seite 94

2 a) 75 km = 75 000 m = 7 500 000 cm; 7 500 000 cm : 1 000 000 = 7,5 cm
Auf der Karte ist Aachen 7,5 cm von der Nürburg entfernt.
b) Bonn – Aachen – Cochem – Koblenz – Bonn
  6,7 cm   10 cm   3,5 cm   5,5 cm
Gesamtstrecke auf der Karte: 25,7 cm
Gesamtstrecke in der Wirklichkeit:
25,7 cm · 1 000 000 = 25 700 000 cm = 257 000 m = 257 km
c) Bonn – Nürburg: 41 km; Aachen – Koblenz: 112 km

3 a) 14 800 $\xrightarrow{:1000}$ 14,8   b) 0,04 $\xrightarrow{\cdot 10\,000}$ 400
c) 26,37 $\xrightarrow{:10\,000}$ 0,002 637   d) 325,9 $\xrightarrow{:100}$ 3,259

4 a) 360 mm b) 0,45 km c) 8750 m d) 4,38 dm
e) 0,75 dm^2 f) 1730 m^2 g) 25 ha h) 600 000 cm^2
i) 0,6 dm^3 j) 8200 cm^3 k) 300 kg l) 0,075 kg

Seite 95

5 2 cm = 2 · 10 mm = 20 mm; 20 : 400 = 20 : 4 : 100 = 5 : 100 = 0,05
Das menschliche Haar ist 0,05 mm dick.

Lösungen

6 a) 15 mm = 15 : 10 cm = 1,5 cm = 1,5 : 10 dm = 0,15 dm
b) 37 mm = 3,7 cm = 0,37 dm
c) 28 mm = 2,8 cm = 0,28 dm
d) 24 mm = 2,4 cm = 0,24 dm
e) 21 mm = 2,1 cm = 0,21 dm
f) 31 mm = 3,1 cm = 0,31 dm

Seite 95

7 a) 220 t = 220 · 1000 kg = 220 000 kg
b) Dichte = 220 000 kg : 200 000 m³ = $1,1 \frac{kg}{m^3}$
Die Flughöhe liegt etwas über 1000 m (ca. 1350 m).
c) 54 t = 54 · 1000 kg = 54 000 kg; 220 000 kg − 54 000 kg = 166 000 kg
Dichte = 166 000 kg : 200 000 m³ = $0,83 \frac{kg}{m^3}$.
Die Flughöhe betrug kurz vor der Landung ungefähr 3500 m (ca. 3640 m).
d) 6732 : 43,02 ≈ 156,4
Der Zeppelin LZ 129 hat auf seiner Rekordfahrt 156 km pro Stunde zurückgelegt.

Seite 96

8 Elefant: 4 t = 4 · 1000 kg = 4000 kg
Pferd: 500 kg
Schaf: 4000 kg : 100 = 40 kg
Taube: 40 kg : 1000 = 0,040 kg
Schäferhund: 0,05 t = 0,05 · 1000 kg = 50 kg
Gesamtgewicht: 4000 kg + 500 kg + 40 kg + 0,040 kg + 50 kg = 4590,04 kg

Seite 97

Fehler-Check

1 a) 8 : 100 = 0,08   b) 0,6 : 1000 = 0,0006   c) 5 : 10 = 0,5
d) 0,15 : 30 = 0,15 : 3 : 10 = 0,05 : 10 = 0,005
e) 92,5 : 10 000 = 00 092,5 : 10 000 = 0,009 25
f) 217,35 : 100 000 = 000 217,35 : 100 000 = 0,002 173 5

2 a) 0,125 km   b) 56 cm   c) 0,6 a   d) 7,5 dm³   e) 0,0025 kg   f) 37 kg

3 1 kg = 1000 g; 1000 : 100 = 10; 12,90 € : 10 = 1,29 €